高效沟通

成功人士的 36 种说话技巧

[日]永松茂久 著

张歌 译

中国科学技术出版社

·北京·

HITOWA HANASHIKATA GA 9WARI by Shigehisa Nagamatsu /ISBN: 978-4799108420

Copyright © Shigehisa Nagamatsu, 2019

All rights reserved.

Original Japanese edition published by Subarusya Corporation

Simplified Chinese translation copyright © 2020 by China Science and Technology Press Co., Ltd.

This Simplified Chinese edition published by arrangement with Subarusya Linkage, Tokyo, through HonnoKizuna, Inc., Tokyo, and Shanghai To-Asia Culture Co., Ltd.

北京市版权局著作权合同登记　图字：01-2020-3497。

图书在版编目（CIP）数据

高效沟通：成功人士的 36 种说话技巧 /（日）永松茂久著；

张歌译 . —北京：中国科学技术出版社，2020.8（2023.4 重印）

ISBN 978-7-5046-8658-9

Ⅰ.①高…　Ⅱ.①永…　②张…　Ⅲ.①心理交往—语言艺术—

通俗读物　Ⅳ.① C912.13-49

中国版本图书馆 CIP 数据核字（2020）第 130410 号

策划编辑	申永刚　赵　嵘	
责任编辑	申永刚　陈　洁	
封面设计	马筱琨	
版式设计	锋尚设计	
责任校对	焦　宁	
责任印制	李晓霖	

出　　版	中国科学技术出版社
发　　行	中国科学技术出版社有限公司发行部
地　　址	北京市海淀区中关村南大街 16 号
邮　　编	100081
发行电话	010-62173865
传　　真	010-62173081
网　　址	http://www.cspbooks.com.cn

开　　本	880mm×1230mm　1/32
字　　数	120 千字
印　　张	6.5
版　　次	2020 年 8 月第 1 版
印　　次	2023 年 4 月第 4 次印刷
印　　刷	北京盛通印刷股份有限公司
书　　号	ISBN 978-7-5046-8658-9/C·169
定　　价	59.00 元

（凡购买本社图书，如有缺页、倒页、脱页者，本社发行部负责调换）

"与人初次见面之时，不知道该说什么才好"

"很快话题就说完了，对话进行不下去了"

"不知道该怎么向别人表达"

"曾因为没有把话说好而失败"

"不知道说了什么，总是惹别人生气"

"不知道该说些什么才能和别人聊起来"

"怎么和别人进行很好的交流"

"无法表达好自己的想法"

"沉默太可怕了"

本书写给有着同样烦恼的你

令不擅长说话的你
享受与人交流的窍门

你有没有这样想过，如果你善于语言表达的话，自己的人生一定会更加顺利。

正在读本书的你，是否也曾陷入过相同的思考中呢？

其实，许多人都对自己的说话方式抱有自卑感，感到纠结的绝不止你一个人。

尽管唐突，但我要先告诉你结论。

让自己擅长与人交流的方法只有一个，那就是：少和难以相处的人交流，多和自己喜欢的人交流。

若你能够掌握此法，你的说话方式一定会得到提升。

从此，你烦恼至今的人际关系问题，只会让你不禁想要感叹："这都不算什么！"

在你投入大量的时间和自己喜欢的人交流后，你的说话方式就会得到提升。继而对你来说就不存在难以相处的人了，你会被众人喜爱。在你得到了大家的喜爱后，不仅仅是人，机遇和财富也都会向你走来。

依靠有效的说话方式获得成就的人，基本上都不需要做什么特别的事情。

他们所做的，只是掌握了这"小小的与众不同"。而这点，其实任何人都可以做到。

请允许我在此提一个问题：在你的眼中，擅长说话的人是什么样的人呢？是像小品演员、相声演员或新闻播音员那样讲话流利的人吗？或者，是在职场上能够做出有感染力的展示报告，令听众沉浸其中的人吗？

很遗憾，本书所描述的方法并非助你成为这类口齿伶俐之人的方法。

我们关注的是更加日常的内容。

同事、家人、朋友、配偶、恋人、邻居……，本书教你如何与这些身边的人搞好关系。

相比在众人面前做展示报告的次数，日常生活中的沟通交流才是在人生中占比最多的事情。无论是多么高超精湛的技巧，如果无法运用在日常生活中，就会变得黯然失色，毫无意义。

反之，如果能够提高日常生活的交流能力，你的人生也会变得更加充实，你身边的人也会成为愿意帮助你的同伴。

26岁时，我依靠一家3坪（1坪≈3.3米^2）的烤章鱼店起家。迄今为止，由于我不当的说话方式而导致失败的案例数不胜数。

具体的例子我将在本书的第1章第6节讲述。回顾往昔，我发现我经常自说自话，让员工和身边的人感到十分为难。但在我改变了说话方式之后，我的人生产生了巨大的变化。

且不说我自己的例子，请你来回想一下自己的经历，你是否曾因为仅仅多说了一句话而得罪了别人呢？你又是否曾因为仅仅少说了一句话而吃了很大的亏呢？

"为什么这个人在这个场合说这样的话呢？"

"为什么我在那个时候没有把那句重要的话说出来呢？"

小小的说话方式将大大地改变你的未来。

其分水岭不在于华丽的大舞台，**而在于日常生活中那些琐碎又微小的点滴事情中，在于我们究竟是如何去表达的。**

无论是谁，最难看清的都是自己。

我希望与本书相遇的你可以成为能在重要的场合、在合适的时机准确表达自己的人。而我，就是怀着这样的希望写下了本书。

近来，报名交际沟通课程的学员络绎不绝，行业迎来了大繁荣。这恰恰能够体现许多人都对说话方式感到苦恼。

然而，令人大失所望的是，如果仅仅学习将词句说出来的技巧，那么再怎么学习也不会有所收获。这是因为，**听者并不仅仅关注从你嘴里说出来的词句，而是更加综合地聆听你的说话内容。**

所以，对于那些希望学习如何流利地将词句说出来的人，我不推荐你阅读本书。请另行寻找适合自己的书籍。

然而，如果你希望从最基本的地方开始一点点学习说话方式的话，本书是最为合适的。因为我相信，这将会从根本上改变你的人生。

请允许我再次断言：人仅需改变说话方式，其人生的九成就都会发生改变。

目录

第 3 章 **不招人烦的说话方式**

人生的九成靠"说话"

01

会说话的人
会有非常顺畅的人生

 你现在的说话方式是受周围人影响的

"自我肯定感",相信很多人都听过这个词吧。

近来,电视和杂志都常常提到这个词,那么就让我来为不怎么熟悉这个词的人介绍一下。

正如其字面意思,"自我肯定"可以理解为人们对自己的肯定、认定。

例如,如果你能够立刻说出:"我正在努力地过好自己的人生，不论旁人怎么说，作为一个人，我是拥有自我价值的。"那么，你的自我肯定感是很强的。

与之相对，自我肯定感差的人，则会对自己没自信或十分在意旁人的看法。

那么，从国际标准来看，现在日本人的自我肯定感究竟处于一个什么样的位置呢？

在选取的七个发达国家中，以高中生为对象进行的调查研究中，通过数据分析，我们发现日本排在第七名，处于最后的位置。

这是一个十分严峻的问题。

暂且不论我们究竟抽取了多少高中生进行调查，这个排名足可以体现出如今日本的状况。

而其缩小版就是各位的日常生活。你周围的许多人都由于自我肯定感之差而苦恼着。

每个人从小都浸泡在"语言"中，深受周围人的说话方式的影响。自我肯定感强的大人，一定可以培育出自我肯定感同样强的孩子；反之，周围如果有许多自我肯定感差的大人，那么培养出来的孩子的自我肯定感也会很差。

也就是说，在如今的日本，自我肯定感差的大人是很多的。

好的说话方式随着时代而变化

与欧美国家相比，日本一直以来都被认为是不擅长沟通交流、说话方式不太好的国家。只是，如果在从前，我们可以对其反驳说："日本人喜欢以心传心，有着即便不宣之于口，也能够读懂字里行间隐含内容的能力。"

然而，随着西方文化彻彻底底地渗透到我们生活的方方面面，这类反驳之词也显得苍白无力。

立足于这种现实，无论你喜欢还是不喜欢，语言、说话方式、沟通交流都必须朝着"看得见"的方向发展。

一言以蔽之，"如何说话""如何表达"是建立好人际关系的重要因素。

以此为前提，我们来聊一聊现实的话题。

在如今的日本，"如何说话"是一个很大的课题，那么能够搞好人际关系的人究竟拥有怎样的说话技巧呢？

01
100%
受欢迎的
说话技巧 　　**擅长交流的人，离不开其切身所处的环境。**

02

轻松沟通的动力
——自我肯定感

 自我肯定感提升后，沟通交流将会十分轻松

"在别人面前说话的时候，就突然大脑空白了。"

"被别人批评所说内容不知所云后，就丧失了信心。"

"被别人说声音太小后，就不知道该怎么办了。"

这些林林总总的痛苦经历，总会让许多人都误认为自己是真的不擅长说话。毋庸置疑，这就是由于说话方式不正确而导致自我肯定感缺失的状态。

而自我肯定感缺失的精神状态就叫作"自我否定感"。似乎很多人都没有听过这个词吧。

拥有健全的自我肯定感，是获得自信的源头。与之相对，不能很好地表达、无法构建良好的人际关系等状态，也会成为自我否定感的源头。

正如大家所知，仅仅一两次的失败，根本不需要我们认为自己不擅长说话。

然而，在那些认定自己不擅长说话的人中，绝大多数都曾经历过多次失败或曾遭受过他人无情的批评。因此，这些人对"说话"就有了本能的恐惧。

这些人如果能够轻松地肯定自己，那么说话技巧也就一定可以随之得到提升。另外，人际关系也会处理得更加顺利圆满。

 不要过度接受他人的建议

前几天，我接受了一位客户的咨询。

"我问我的朋友住在哪里，结果他说：'有的人很讨厌这种问题，你以后还是不要这样问了。'从此以后，我再也不敢问别人住哪儿了。"

不同的人，对于相同的问题会产生不同的感受。所以这位朋友所说的话也有一定的道理。如果改变一下视角，我们也会发现这样的忠告：隐私的界限也是因人而异的，所以不论说什么都要慎重。

然而与之相反，我的想法是这样的：**迄今为止，在你的生命里遇到过数百人，仅仅因为一个人的想法就封闭了自己，这真是太不值得了。**

你是否也曾因为一两次说错话或感觉上的差异而受到伤害、失去自信，从此对说话产生了恐惧呢？

请允许我在这里断言：他人的一两句批评或你的一两次失败，绝不至于让你恐惧说话。

避开这种失败的前提是，当你知道某人不喜欢的话题后，就不要再问他相关的问题了。

 不否定你的谈话对象，对方也不会否定你

如果我们想要重新找回由于过去的痛苦经历而失去的自

我肯定感，我们需要做些什么呢？

　　由于说话失误而失去的自我肯定感，自然也要通过说话把它找回来。这里的关键词就是：完全肯定——**绝不否定你的谈话对象，让对方也无法否定你。**

　　也就是说，给对方创造一个"**无否定空间**"。当面对肯定自己的人时，我们也会习惯性地去肯定对方。因此，如果你不再去否定对方，对方也就不会再否定你。这就是双方完全肯定的状态。

　　在这样的状态之中，我们的自我否定感会自然地得以削弱，自我肯定感也会随之提升。在肯定对方的同时，你自己也会处于无否定空间之中。这才是重中之重。

02
100%
受欢迎的
说话技巧

置身"无否定空间"，提升自我肯定感。

永远记住，不要否定你的谈话对象

9

03

普通人能够轻松开口的 三个窍门

置身"无否定空间"后，你就可以和任何 人说话了

在此，我要再次提出"**无否定空间**"这一概念。

在我主办的社区空间中，我亲眼见证了许多奇迹。例如：内向的人敢于在其他人面前讲话了，原本不敢说话的人可以经常在满员的会场做演讲了，甚至有人成为年收入超过1200万日元的体育教练，其中还有人要出版书籍了。

通过关注他们的成长，我感悟到了一个道理。那就是，**几乎所有人都并非不会说话，而是处于恐惧说话的状态中。**

那么，普通人也能够轻松开口的三个窍门是什么呢？

窍门1 禁止否定

在消极的谈话中，人们在谈论未来时总会说："现实世界的未来将会越来越黑暗。"

在我的社区空间中，我设定了一条规则：如果在发言时否定了他人，请退场。

在召开各项会议的时候，我们经常会听到否定他人的发言，"即便你这么说也……""你说得不对"等反对之声不绝于耳。这会打消每个人自由发言的积极性。

社会并不是学校，不需要大家分清每一道题的对错。**社会应该成为大家敢于提出自己的意见和想法的场所**。那么，说话的次数就远比说话的质量重要得多。当说话的次数增多时，每个人能够展现自己的机会也就随之增多，而这恰恰是最重要的内容。

换言之，关键在于**先让自己把话说出来**。于是，我又设定了一条规则：只要所说的内容是积极的，说什么都可以。

舍弃学校教育中灌输的"必须回答正确答案"的思想，不需要顾虑其他事情，直率地说出自己的各种意见。这样一来，整个空间的气氛就会变得积极向上，每个人也就都可以做到在其他人面前轻松开口说话了。

窍门2 微笑点头

第二点，就是将微笑点头贯彻到底。

虽然点头只是简单地把头低下再抬起，但这个习惯在人际关系之中却起着相当大的作用。

点头文化是让人敞开心扉、产生安全感的绝佳方法。

在我的公司里，每天早晨都举行朝礼。目的之一是让大家给自己打气，但其实这还并不是最重要的。

朝礼的重要目的有三点，分别为：**改变各自的语言环境，驱散每个人心中的阴霾，培养出富有勇气的优秀人才。**

在公众面前做演讲报告的时候，无论是谁都会感到紧张。然而，如果听众能够在听的时候对演讲者点点头并给以微笑，那么演讲者就能够做到自然地讲话了。

这是因为，不论演讲者在说什么，听众的点头动作会给其带来安全感。这份安全感也会给予演讲者力量去完成自己的演讲。

这就是所谓的点头的力量。

一个人在众人面前表演或演讲时，一份轻松的心态远比紧张的心态产生的效果要好得多。因此，在我的公司和社区空间中，我都在彻底贯彻着点头文化。

窍门 3 积极谈话

积极向上的谈话内容，会让人充满生机活力。与之相对，否定的谈话内容，会让自己甚至听者都陷入消极的情绪之中。

不论你平常都在使用什么样的论调去说话，只要来到了我的社区空间，就都必须有意识地彻底贯彻积极谈话。这也是我的社区空间规则之一。

夸奖他人、讲述令人感动的故事、改善如今的现状，这些都是积极的谈话内容。明快的辞藻会活跃周围的气氛。

治愈了过往的伤痛，你自然就可以与他人进行交流了

我在前面也提到过，令人感到十分遗憾的是在我们的周围净是一些消极的谈话内容。于是，我们理所当然地将自己置身于这种消极的气氛之中。

我们应该尽量离开这样的场所，有意识地让自己贯彻执行上文中的三个小窍门。这样，我们就可以慢慢地开始说一些积极向上的内容，也能够渐渐地找回自信的自己。

我们要将自己置身于完全肯定自己的环境之中，这样一来，曾受过伤害的我们会在不自知的情况下慢慢被治愈。

03
100%
受欢迎的
说话技巧

禁止否定、微笑点头、积极谈话，三大窍门保驾护航，助你从此拥有顺利人生。

04

谈话大师才知道的
三种心理

 有的人尽管有能力，却因为说话方式而吃亏

在这个世界上，有许多人明明说出了十分不凡的见解，却难以得到大家的喜欢。

然而，又有许多人明明只能说些平庸之词，却备受追捧，好运连连，人生顺风顺水。

构建人际关系的重要因素有人品、看待事物的见解和思考方式等。

　　然而，无论你的内心隐藏着多么好的想法，如果用错了说话方式，别说展现自己的魅力了，甚至会让人敬而远之。

　　所以，如果能够掌握好说话技巧，你的人生就会迎来戏剧般的转变。正如本书开头部分所说，这绝对不是夸大其词。

　　那么，我们要如何才能做到呢？

　　在讲解具体方法前，请允许我先介绍一下说话的大前提，这个大前提也是一切说话方式的基础。

说话方式的"细微差别"会造成结果的巨大差异

　　沟通交流的发展与人际关系的发展是相通的。

　　掰开揉碎了说，**如果能够很好地和他人沟通交流，你的日常生活也会变得更加充实。**

　　"为什么那个人的身边总是聚集着那么多人呢？"

　　你是否也曾这样羡慕过"那个人"呢？那个人是否又比你更努力呢？答案是否定的。

　　我十分喜欢一句话：细微的差别将成为巨大的差别。

"那个人"只不过比你更会与人沟通交流，便从中了解到了三件十分重要的事情。

那么，他们知道了什么呢？

答案在此。

首先，**人是永远把自己放在第一位，永远对自己最感兴趣的生物。**

请大家想象一下，在看合照时，你第一眼看的是什么？

没错，看的是自己的脸。

在拿到合照时，很少有人先去看别人的脸。我们第一眼看的一定是自己。

也就是说，**把谈话的重心放到对方最在意的人身上，也就是对方本人。这样一来，你的谈话对象自然也就被带入更高的情感中。渐渐地，对方也会更加喜欢你，因为你更重视对方本人。这是一种非常简单的心理。**

其次，**无论是谁，都热切地希望自己能够得到他人的认可与理解。**

再次，**任何人都喜欢理解自己的人。**

04
100%
受欢迎的
说话技巧

人们往往喜欢真切地关心自己的人。

重视这三种心理，从此对话如你所想

①人都是最为关心自己的

我在这里!

②人都希望能够获得他人的认可与理解

认可我吧!

希望别人能够了解我!

③人们更喜欢那些理解自己的人

我都明白。

华丽变身为沟通达人

05

说话方式的选择，
九成看听者

 说话不如聆听

　　上一节所讲述的三种心理是普遍存在的。但这三种心理对于如今的你来说，是否令你感到震惊呢？它们是否过于抽象而令你难以理解呢？

　　我相信读完本书后，你一定可以获得深刻的理解。

　　基于上一节所讲述的三种心理，在本节，首先我要将话题转变一下，那就是：**在说话方式中，最重要的就是聆听。**

"等一下，我不想学怎么听，我想学的是怎么说。"书前的你是不是这么想呢？

没错，本书所要介绍的是如何说话。然而，为什么我又说聆听十分重要呢？

正如前文所述，这是因为大家都希望获得他人的关心和认可。认真聆听就是表示对他人关心与认可的诚意。

对于这种具有高自我心理的人来说，最为有效的方法就是精通聆听。

想必大家都已经清楚聆听的重要性了，接下来，我将在下一节介绍一个具体的事例。

 ## 一个销售员的真实故事：改变说话方式，迎接人生巨变

你是否一直在自说自话呢？

故事发生在多年前，我的讲座结束后的聚餐上。

有一位男性，单手拿着饮料来到了我的身边，以十足的气势开始了他的讲话。

据他说，他是一家保险公司的销售员，也是我的铁杆粉丝，我的著作及演讲、讲座拯救了他，给了他许多勇气。他足足说了15分钟左右。

作为一个以演讲为主业的人，听众就是我最重要的人。

他特地来到我的身边，热情洋溢地和我说话，令我十分开心，我也由衷地怀着感谢的心情听他说话。

只是有一点令我有些在意。他十分起劲地讲述着他自己的事情。当前一个话题结束后，他又立刻开始讲起了他的工作。身为一名保险公司的销售员，他不停地学习，每天都在努力工作。他尝试过许许多多的方法……

由于他太过热切，我甚至都没有办法制止他，只能耐心地听他说。

趁着他换气的空当，我终于尝试着问了一个问题："那您工作怎么样呢？保险卖得出去吗？"

他听到后，沉默了一下。但他没有回答我的问题，又再次捡起了工作的话题继续往下说。他的话题慢慢延伸到了保险种类的细微差别及选择方法上，讲话的热切劲头也越发高涨。到最后，就连我都忍不下去了，总算打断了他："那个，我可以问个问题吗？"

但他制止了我："稍等一下，让我先说完。"接着，他又

继续他的话题。

在此过程中，我一直在思考着：恐怕他不管和谁在一起时，都是这样说话的吧。

又过了几十分钟，他看起来一脸满足的样子，对我说："谢谢您！让我听到了您这么优秀的讲座。最后请无论如何给我一些建议吧。"

毕竟是看了我的著作，又特地亲临讲座、聚会现场的铁杆粉丝，所以我直率地说出了我的想法。

"把自己想说的话压缩到现在的两成，认认真真地聆听客户的需求。如果能够这样改变的话，销售额一定可以倍增。因为，您是一个太过热情的人。"

化身倾听者，销量翻五倍。

大概半年后，我在邻近市又开设了一场讲座。

在讲座开始前，我心想：他会不会来听呢？要是来了的话，真想问问他最近怎么样。令我十分开心的是，那天他又和往常一样，坐在了最前排的位子听我的讲座。并且，他也参加了讲座结束后的聚会。

他的变化让我十分震惊。不论是外表还是整个人的气场，都变化太多。

上次见面时，他十分强势、极具威严。而这次，他的嘴角上扬，眉梢挂着淡淡的笑意。他变得十分和蔼可亲。

听了他说的话，我更加震惊了。

半年间，他的销售额竟翻了五倍。

在这段时间里，他尝试着听从我的建议，开始学会倾听他人说话。而他的转变也仅此而已。

他十分动情地对我说："永松老师，从您给了我建议的第二天起，我就完完全全地改变了我的风格。当我和客户谈话时，我把注意力完全放在了客户的苦恼以及如何解决他们的问题上。就这样，我每次都认真地聆听客户说话。"

"真的很了不起啊，立刻就进行了实践。"

"是的。其实上次见您的时候，我的销售额无论如何也提不上去，我都开始考虑换工作了。但是听了您的建议后，我的销售业绩越来越好。是您让我深切地体会到，我之前的努力方向和推销方法其实是错误的。多亏了您，我现在才这么顺利。前几天我还受到公司表彰。太感谢您了！"说罢，他从座席上倏然起立。

整个聚会上，我一直在远远地注视着他的一举一动。他全程保持着笑容，边点头边聆听他人说话。

这一切的一切，都是从"聆听"开始的。

他只是因为欠缺"聆听"这一点，所以才一直无法前进。因此，只要他学会"聆听"，就会获得飞跃性的成长。

通过他的经历，我也切身地意识到了"听别人说话"是多么重要。

05
100%
受欢迎的
说话技巧

磨炼说的能力，不如磨炼听的能力。

06

聆听助你从谷底崛起

 自认为精湛的说话技巧，却让你落得竹篮子打水一场空

　　尽管如今的我能够写出这样的书，但曾几何时，我的说话方式和那个保险销售员十分相似，落得了个跌入谷底的下场。

　　该怎么说呢，从前的我并不会说话，却自认为自己的说话技巧十分精湛，所以这理所当然地影响到了我的人际关系。

在我26岁的时候，我处于十分迷茫的境地，看不清自己的前路，最终我决定开始做生意。

最初，我经营着一家只有3坪（1坪≈3.3米^2）的烤章鱼店。但两年后，我顺利地克服了创业之初的重重困难，扩大了店面，开了一家规模更大的餐饮店。

然而，沉重的现实却是，我面对着20人左右的员工，每天都在店铺的第一线艰苦奋斗。那时的我，每天都只想着如何才能够盈利，为了提高店铺的战斗力，我贯彻执行"报告、联络、磋商"[①]这三大经商原则。但其实这些都是表面功夫。

其结果也可想而知，我没能和员工们取得良好的沟通，结果我的团队越发疲软、衰颓。我无法和员工做到心灵相通，结果自己的一腔热情全都落得竹篮子打水一场空。

如今想来，这背后的原因就在于我错误的说话方式。

那时，我总是在心中暗暗地责备着周围的人：为什么他们都不能够理解我说的话呢？

随着周围的人越来越多地离我远去，我打心底意识到，

[①] 报告、联络、磋商：此为日本商界备受推崇的三大经商原则。报告是指下属随时向上司报告事项的完成进度；联络是指公司内的各类信息的及时共享；磋商是指当自己感到疑惑时，及时和上司、同事等沟通交流，寻求建议。——译者注

我必须彻彻底底地改变与人交往的方式。不，是必须要意识到了。

 ## 曾经的我说得太多

如今回想起来，当时的我并非难以表达自己的想法，而是只说自己想说的话。我的谈话中心永远都是我自己的事，当其他人搭话的时候，我心里想的都是：这个人什么时候才能说完啊。

那时的我极其喜欢与人争论，无论如何都要驳倒对方。在辩论的时候，即便自己快要被驳倒了，也要强硬地固执己见。

如果有自己不喜欢的人，就要抓别人来听我对那个人的批评。

真的是没有比这更糟糕的了。如今，如果我身边有这号人，我肯定要吓得赶紧逃跑了。然而当时的我就是这样一个人，固执地相信自己是正确的。

这就是典型的以自我为中心。这就是曾经的我。

化身聆听者，业绩迎激增

那时候的我没有什么钱，也没有去外边学习的时间。所以在当时，我最先改变的是自己的说话方式。

"去聆听吧！"

我下定决心要用心去注意对方的反应及心情，再选择与之相符的词汇去回话。

当然，我并不是一下子就彻头彻尾地做出了改变，但是伴随着各式各样的尝试与试错，我总算是一点点地改变了自己的说话方式。

当对方在说话的时候，你要以笑容来展示你的共鸣。

当然，效果很快就出现了。没过几个月，店内的风气变得越来越好，业绩开始蒸蒸日上。员工也都能迅速地领会我要表达的意思，并且积极思考，主动地采取行动。

最令我开心的就是，我与他们之间产生了一体感。从前，我总是一个人坚持着自己的想法，而现在，店内的气氛俨然转换成了"我们"。

除此之外，我获得了一些比我年长且极富实力之人的青睐，拥有了非常珍贵的人脉资源，这让我曾经处于不利状态的对外交涉变得十分顺畅，从而得到了幸运之神的眷顾。

对我来说，能够结识诸多前辈实在幸运。同时，**我获得了他们无数次亲切的教导。理解对方才是迈向未来的第一步。首先要做到认真聆听对方说的话。多亏这些前辈的教导，我才能够收获今天的成功。**

06
100%
受欢迎的
说话技巧

学会聆听，人生巨变。

07

聆听大师的"三个表情"

 史蒂夫·乔布斯流，打动女性的方式

　　在前面的几节里，我主要讲述了以下观点：聆听是说话的一部分。好的说话方式是从聆听开始的。

　　那么，我之前也提到过，人都是对自己最感兴趣的。那么为了满足这一条件，最为重要的就是要做到细致地了解对方。

　　例如，这个人是什么样的人呢？对什么事情感兴趣呢？

只要你足够关心对方的事情，你就能够成为像乔布斯一样的人。

没错，我刚刚提到的乔布斯，就是那个一手创建了苹果公司的风云人物史蒂夫·乔布斯。

举个例子，当你想要追求一位美丽的女士时，你的情敌买了10束花，那你要做什么呢？买15束花送给她吗？如果你真是这么打算的话，那么在你打定主意的那一刻，你就输了。你的情敌做什么与你的行动其实没有任何关系，最重要的是要看透那位女士内心究竟在期待着什么。

这个例子透露出了人际关系的不变真理。

乔布斯曾说："观察对方，认真地去寻找、去搞清楚对方到底想要什么。只要做到这一点，一切都可以顺利进行。"

对人类的欲望抱有无止境的兴趣，才造就了如今如日中天的苹果公司。

 受欢迎的人才会做出的三个反应

刚刚的话题还是有些过于宏大，那么接下来，我们还是回到日常生活中来。

无论是谁，都希望别人能够了解自己的心情，希望别人能够聆听自己所说的话。这是我们所有人共同的诉求。

那么理所当然地，我们就会越来越重视那些肯聆听我们的人。

你曾经是否津津有味地聆听过身边的人说话呢？

比起对他人产生兴趣，你是不是总在自说自话呢？

能够流利地说话固然很好，但如果仅仅局限于这个程度是绝不可以的。这种事情，交给相声、小品演员等专业人士就足够了。

对于我们普通人来说，最为重要的就是让对方知道自己是关心他们的。

那么，当面对我们的谈话对象时，我们如何才能有效地让对方知道"我是对你感兴趣的"呢？

秘诀就在于灵活运用以下三个妙方：**面部表情、语言表达、身体动作。**

详细来说，就是要**面带笑容来聆听对方说话，将自己的感情寄托到语言里，并首先使用身体语言来给对方回应。**

请允许我再次重复，所有的人都是希望能够获得他人理解的生物。

所以那些人生经历十分顺利的人，最先开始做的并不是说，而是聆听，通过聆听让对方为自己敞开心扉。

我们一定要时刻提醒自己：面带笑容来聆听对方说话，将自己的感情寄托到语言里，并使用身体语言来给对方回应，然后将聆听贯彻到底。这样，我们的聆听能力也会逐渐加强。

人生顺利的人，都是通过管理自己的**面部表情、语言表达、身体动作，最终成为善于聆听的人，从而取得很大的成就。**

07
100%
受欢迎的
说话技巧

通过面部表情、语言表达、身体动作来表达自己对他人的关心之情。

拥有顺利人生的人，都是聆听达人

比起自说自话，
还是得听别人说话。

谢谢你听我说话，
好开心啊。

善于聆听　　　　　　　　　　心扉

心扉

聆听能力由三大要素构成

2 语言表达

快乐

1 面部表情

3 身体动作

大家注意!

08

让对方说九成话之
扩展话术

 会说话的人都在使用的扩展话术究竟是什么呢

请允许我在这里再次强调一遍我们最为重要的知识点。人之所求有三，分别为：

①这世上所有的人，不论是谁，都最为重视自己，对自己最感兴趣。

②我们都希望能够获得他人的认可与理解。

③我们都喜欢那些给予我们理解的人。

前文我也提到过，会说话的人都十分透彻地领悟了以上这三点，并运用到与他人的交流当中。那么，接下来作为扩展，请允许我再来介绍一下，会说话的人一般都在使用的说话技巧——扩展话术。

正如大家所知，单口相声是难之又难的技术，要仅仅靠自己一个人所说的话来吸引他人。

但是，如果使用了扩展话术这个方法，就可以让对方自己来扩展自己谈话的内容。你仅仅需要一边聆听对方，一边扩展对方的话题，就会得到对方的欣赏与喜欢，其结果就是对方对你抱有好感，并且希望能够与你再次见面。

那么，扩展话术的具体方法是什么呢？

其实，扩展话术有着一套独特的顺序流程，那就是**感叹→重复→共鸣→称赞→提问**。

①感叹：聆听的时候，表现出认真且深有同感的样子。

对方："之前发生过这样的事情哦！"

你在回答时可选择："真的？""哦！""什么？""哇！""真的吗？"

会说话的人，都会灵活地选择这些感叹词来附和对方。

感叹的要点有两条：

首先，语气要夸张一些。网络聊天的时候，你可以在回应后面加上感叹号、问号或桃心等。有些内容用文字很难表达，但是在其后面加上一些表情符号，可以更好地表达你的感情。

如果你是一个不擅长沟通交流的人，那么就投入更加激昂的感情，比往常再增加十倍感叹吧。

其次，延长你的语气，让你的感叹词更长。

语气的延长，可以让更多的感情投入进来。试着说一下"真的吗？"自行对比一下，当"吗"字读音拖得更长时，你会感受到更为饱满的感情随着你的长音迸发出来，这份感情自然也会被对方感受到。

感叹词要说得更加有力量。当你使用感叹词的时候，就相当于整个人投入到了对方的话语之中。

②**重复：重复对方所说的话。**

"我冬天的时候一直在玩滑降。"→"真的呀，滑降呀！"

"我最近和男朋友相处得不太顺利。"→"是吗……和男朋友处得不太顺利呀。"

"我最近开始慢跑了。"→"慢跑吗，真不错！""我还想

着要不要试着跑完皇居①线呢。"→"皇居线，好棒啊！我也
想试一试呢。"

"我特别喜欢吃咖喱。"→"哦？咖喱吗，真好呀。""我
特别喜欢准备一堆调味料，然后自己做咖喱。"→"一堆调味
料吗，那一定特别好吃！"

就像这样重复对方的谈话内容后，对方就更有可能沿
着这个话题继续说下去，"对了对了，其实之前还有过这样
的事……"

③共鸣：有感情地表示你理解了对方的话。

"好的，我明白了。""一定很艰难吧。""太好了！""太
辛苦了！""你已经很努力了。"诸如此类的话语，都是能够
表达出自己与对方产生了共鸣。在对方说完话之后，你深深
地点头，并且做出与对方相同的表情。根据当时的情境，你
可以时而感情充沛，时而安安静静地做出回应。

④称赞：评价对方。

感叹词的确可以表达情感，但像"好棒！""太厉害

---

① 皇居：日本天皇的居住场所。——译者注

了！""真不愧是你！"这样的称赞之词可以产生十倍之上的
效果。

⑤**提问：为了能以对方的内容为中心展开话题，在其说
完后追加问题。**

提出"然后呢？""然后怎么样了呢？""你再多给我讲
讲吧。""现在怎么样了？一定很痛苦吧。"等诸如此类的问
题，在好的时机插入你的关心，就等于给对方加油打气，这
样对方也就可以十分自然地展开自己的话题。

这就是扩展话术最大的目的：扩展对方的谈话内容。

我们都是希望获得他人理解的生物。当我们使用了扩展
话术，就会让对方十分愉快地展开话题。

而这种"心情愉快、能够说很多话"的印象，也会让对
方想要再次见到你。

08
100%
受欢迎的
说话技巧

无须自己开口说，只需扩展对方的说话内容。

会话达人都在用的扩展话术

①感叹

之前有过这样的事。

真的吗，原来是这样呀！

②重复

我特别喜欢吃咖喱。

哦，咖喱呀，咖喱挺好的呀！

③共鸣

这次可真的太难了。

一定很辛苦吧。

（一边点头，一边和对方用同样的感情说话）

④称赞

我要出版一本书啦！

太厉害了，不愧是你！

⑤提问

啊，我做了之后就——

然后怎么样了？

09

收集常用词句，
自如运用扩展话术

 只需牢记这一点，扩展话术随心用

在前一个小节中，我们就扩展话术的具体操作方法进行了细致的讲解。说话方式之中也包含着聆听的方法。相信到这里，大家都能够明白了。

然而，空说"扩展别人的话题"是行不通的。根据不同的谈话内容，予以回应的方法各不相同。

这种时候该怎么办才好呢？那种时候使用什么样的语言

才行得通呢？我们可将这些有关的关键常用词句按照类别分好，在不同的情况下分别选择相应类别的常用词句来进行应对。

在这里，我要介绍一部分自己存储的某些类别的常用词句。

"对呀，我知道。"

"一定很辛苦吧。"

"真的吗？！你真的很努力了。"

"太好了，我也好开心啊！"

"这也太厉害了！"

"果然！"

"真不愧是你！"

"嗯，原来如此，原来如此呀！"

"然后怎么样了？"

"哇，越来越有意思了。"

"我受教了，学到了好多知识。"

"太感谢了，真的好开心啊。"

"没问题，一定会很顺利的。"

"我永远都站在你这边。"

"我们一起来想办法。"

"这多亏了你呀！"

"你真的帮了我大忙！"

"今后也请您多关照。"

类似的常用词句还有很多。我们可以有意识地将它们收集起来，储存在自己的大脑之中，在不同的场合挑选相符合的词句去应对，其结果将会较之前完全不同。

如果你希望以自己的方式在提问的时候运用这些关键词句来扩展对方想说的内容的话，那么你就一定要成为对方所需要的人。

09
100%
受欢迎的
说话技巧

要想扩展谈话内容，就要提前在脑海里储备常用词句。

10

依靠重要场所和工具来
掌握常用词句

 运用无意识的力量，简单记忆重要的常用
词句

我们要怎么做，才能够记住这些重要的常用词句呢？

其实这也是有窍门的。

一个人的内心可以分成有意识和无意识两个部分。

假如明天有一场考试，你决定挑灯夜战去记忆知识点，

那么这就是在使用有意识的力量。在运用有意识的力量之时，

就算你勉强在考试的时候记住了此前突击记忆的内容，但是在考试结束的那一刻，你也会全都忘记。

因此，我要在这里为大家隆重推荐无意识的力量。

所谓无意识的力量，其实就是形成习惯而已。当你形成习惯后，这些习惯化的事物就会自然地停留在你的记忆之中，再也挥之不去。

要想形成习惯，需要两个重要的场所

我们要如何才能够形成习惯呢？

答案就藏在我们的无意识工作的瞬间。也就是说，当我们处于发呆状态的时候，我们的眼睛总会盯着某个地方，而我们要做的，就是将这些关键词句贴在这个地方。

举个例子，其中一处重要场所就是**厕所**。

为什么这么说呢，不论是谁，每天都要进入厕所一次以上。因此，如果将关键词句贴在厕所中的话，我们一定每天都会看到。

另一处重要场所就是**天花板**。

将关键词句贴在天花板上与贴在厕所中的道理一样，因为在你入睡前和起床后，一定都会看到天花板。

这样一来，通过将这些常用词句贴在每天你闭眼前和睁眼后都会看到的地方，这种无意识的记忆能很快地帮你将这些常用词句融入你的大脑中，并使你逐渐习惯使用它们。

通过看手机，常用词句也会轻易地住进你的大脑

接下来，最为便利的工具即将登场。

其他人看不到，只有你一个人可以随时看得到的东西，入睡前和起床后也都会看的东西。大家都猜到了吧，我要说的就是手机。

我们可以将常用词句设置为手机壁纸。

几乎所有人每天都会看手机。大概现代人之中，几乎没有人能够做到一天都不看手机吧。

当你看了一周或十天左右的手机壁纸后，大部分常用词句就都会进入你的脑海中，成为你的记忆。这时，你再将壁

纸换回原来的图片即可。

如果你因此感到害羞或害怕被别人看到的话，就设置三天，每天重复地看即可。

请试想一下，仅仅通过这么简单的操作，你未来的说话方式将会得到改进，交流能力将会得到飞跃性的提升。到那时，你就无人能敌，再也没有做不到的事情了。

而且，这些方法一分钱都不用花，尝试一下也不会有任何损失。

那些被众人喜爱的人，他们的机遇与人生中获得的好处，与那些不会说话的人比起来，其差距可谓十分明显。

当然了，我不会强迫你去做这些事。但是，如果你怀着试试看的心思，想要去一点点地尝试改变的话，那么我建议你立刻就去实践一下。

10
100%
受欢迎的
说话技巧

巧用厕所、天花板和手机，完全掌握常用词句。

如何将这些常用词句变成你的记忆

①贴在厕所里

②贴在天花板上

③设置成手机壁纸

能让他人想要再次见到你的说话方式

11

有想要把话说好的决心，才能够真正做到会说话

你的情感与态度最重要

在说话方式这一层面上，有一些东西是你必须要传达出来给对方的。

其实，所谓的说话的技巧，在日常对话之中并不是必须条件。许多人都误以为必须做到流畅、不卡壳地把话说出来才行，但是实际上，最为重要的就是：**你的情感与态度**。

你究竟想要表达什么？你是怀着怎样的想法与对方接触？这些问题的内核其实都会在你的对话之中浮现出来。

在了解了这点之后，你要如何来选择自己使用的词句呢？这就是一个重要的因素。它决定着你能不能成为一个会说话的人，决定着你能不能说出振聋发聩、直击他人心底的话。

子曰："巧言令色，鲜矣仁。""刚、毅、木、讷，近仁。"这两句箴言的意思就是：花言巧语、装出和颜悦色的这种人，其仁心就很少；刚强、坚毅、质朴、讷言则接近于仁。

学习完上述古代箴言后，让我们再来试想一下，就算你结结巴巴，做不到快速且流畅地说话，但如果你能够感情充沛地与他人交流，也往往可以震颤对方的心灵。

打个比方，就算有人能够声音洪亮、连贯流畅地说话，但如果不带入自己的情感的话，这个人说得再好，也不会走进别人的心。这样的例子不在少数。

反之，就算你偶尔停顿，但只要你充满激情地去讲述自己的真实想法，便会感动到他人。我希望大家都能够做到这一点，永远都带着情感去诉说。

交流时不要用力过猛

不能够做到连贯流畅说话的人，不必勉强自己，不必让自己必须成为那样的人。

反而，你那原本美丽无瑕的内在，却有可能由于你的焦虑而发生转变，给其他人留下不好的印象也说不定。再也没有比这个更让人感到惋惜的了。

不会说话就是不会说话，改变你的态度去接受它、面对它就好。

就算不能够连贯且流畅地说话，你也不必焦虑。

认认真真地挑选合适的词句，慢慢地把它说出来就好。

如果你怀着这样的想法与对方交流，那些原本可以传达给对方的东西，就一定都能够传达过去。

语言是沟通与交流的桥梁。所以，最为重要的就是要通过语言来传达你的情感与想法。

这样想的话，就算你说话并不那么流畅、所用词语的数量也比较少，但只要你能够认真地、慢慢地说话，让对方感受到你的真心真意，那么你就成为擅长说话的人了。

11
100%
受欢迎的
说话技巧

认真选择词句，用自己的语速来表达。

12

当你面对不擅长说话的人时，请不要先开口

 沉默绝不是坏事

"和别人一起坐电梯的时候，沉默的氛围会让自己感到拘谨甚至尴尬。"

当我第一次听到这样的烦恼时，我的内心是震惊的。

如果没有什么可说的，那就不要说话。这是不用经过太多思考就可以断言的事情。然而，如果你无法接受这一点，就代表在你的内心深处，有可能仍然很固执地认为：沉默是

不可以的。

如果是和关系很好的人一起坐电梯，那么就算空气突然安静，大家也不会感到尴尬。

然而，厌恶电梯中的沉默感这件事，说白了，就是"不得不和不想说话的人说话"这一固有观念在作祟。

可是，你并不能完全了解和你一起坐电梯的每一个人。每个人都有着不同的性格，所以在电梯间里，你也一定会碰到与你的性格合不来的人。那么这个时候强行去搭话，无疑是一个十分鲁莽的选择。

让我们尽早从"不可以沉默"这一束缚中解放出来吧。

电梯也算是公共场所，所以比起鲁莽地与人搭话，还不如在电梯里安静地想想等会下电梯后要做什么事情。在公共场所保持安静是一种很好的教养。

或者，你也可以带着微笑和别人打声招呼，说句你好，然后接下来就全程保持微笑，毕竟微笑也是一种交往。

有意识地增加这样的对话时间——多和你聊得来的人说话

　　每当我开设一场有关于说话方式的讲座时，总会有许多听众。而他们前来听讲座的目的竟然是缩短与那些聊不来的人的距离，这真的令我十分惊讶。

　　然而，说话和运动其实也有着异曲同工之妙。即便去模仿那些段位高的大神，你的技能也不可能突然获得实质性的飞跃。

　　我要说的是什么呢？那就是：**不要强行和聊不来的人增进感情**。

　　再直白一点，那就是：不要和你现在聊不来的人说话、套近乎。

　　尽量地去回避他们吧。其实这件事情完全没有你想象的那么糟糕。

　　首先，你要只和自己聊得来的人进行交流。通过这项训练，你可以提高自己的交流能力。为此，**你一定要做到多和你聊得来的人说话，增加与这些人交流的时间**。

　　不论是游戏还是电影，都有一个共同点，那就是你没有办法一下子打倒最后的大魔王。

　　因此，你首先要做的就是和那些你聊得来的人、你敢于去提问题的人、能够对你所说的话产生共鸣的人交流，然后慢慢积累这些小小的成功，积小胜为大胜。

12
100%
受欢迎的
说话技巧

只和聊得来的人说话，以此来提高自己的交流能力。

13

如何夸奖也有学问

 什么都夸并不是好事

　　夸奖他人。

　　相信一定有许多人都意识到了夸奖他人的重要性。

　　几乎所有的交际沟通课程都会教你去尽可能地夸奖他人。
由此可见，如何夸奖他人也是一门巨大的学问。

　　诚然，对他人的赞赏的确是沟通交流之中的重要一环。
但是，每个人都有辨别他人情感的能力。

打个比方，平时从来都不夸奖别人的人，上了几次交际沟通课之后突然夸你："哇，你今天的笑容好美啊！"相信你肯定会被吓到，甚至会猜想这人到底在打什么主意，是不是有什么其他的企图。

夸奖他人的确重要，但是并不代表着你随随便便一夸之后，你的人际交往就会变得顺畅。

最为重要的就是，**对方最为重视什么，你夸什么，这样才会令对方开心**。我们必须要先仔细观察他人，然后再发自内心地夸奖他们。

当合适的时机到来之时，一定要使用的一句神奇的口头禅

这句口头禅并非用于初次相识的人，而是用在那些与你早已相识的人的身上。当你开口夸奖对方的时候，一定要使用这句如同魔法卡片一般的口头禅。希望你能够时时运用，将这句口头禅变成你的习惯。

现在，就让我来告诉你这个神奇的口头禅，它就是：**果然**。

"果然是这样，我一直觉得是这样的。"

"果然好吃！"

这短短的两个字，其实蕴含着大大的能量。

即便不说"果然"二字，当一个人被相伴已久的朋友夸奖之时，他也会感到开心。但是，如果你加上了这两个字，就会让对方感到，你竟然一直都有着这样的想法，这样就会再次激起对方的快乐。

"果然"这个词汇中暗含着"你早就这么认为"的意思。

 ## 小声嘟囔之中隐含的神奇威力

接下来，就让我来告诉你们如何夸奖他人吧。

当我们当面被他人夸奖的时候，一定会感到很高兴。但是对于东方人来说，如果真的当面被夸奖的话，总会显得有些不知所措。

被夸奖的时候，一定要表现得很谦虚。这种文化早已在不知不觉之间深入我们的骨髓。

那么，我们要怎么办才好呢？答案就是：**自言自语地小**

声嘟囔。

曾经，在我开的饭店里有过这样一件事。

我们饭店每年总会举办几次大型联谊活动。有一年，在活动结束后的聚餐上，一位员工突然发现他钱包里的钱不翼而飞了。

其实这件事说大也大，但说小也小，只不过是这位员工自己没有看管好自己的钱包而已。但是在聚餐结束后，策划这次活动的工作人员，包括我在内，一起报了警，并且接受了警察的调查。

在我们聚餐的店里装有监控摄像头，所以警方立即锁定犯罪嫌疑人。然而在我们接受完警察的调查，再次回到饭店的时候，已经是第二天的夜间了。我们都累得筋疲力尽了。

"怎么会发生这种事呢。明年还要不要搞这个活动了呀，我们再重新考虑一下吧。"

当一个人说出了这种消极的话之后，我们全都伏在了桌子上。

这时，店里最年轻的女员工什么都不说，只是默默地给大家端来了茶。她自己小声地喃喃自语道：**"其实也不必这样吧。在我看来，果然哥哥们都是最棒的呢……"**

她像是自言自语地低声嘟囔着，又走回了厨房。

突然间，我们所有人听了那句话之后都齐刷刷地抬起了头，互相交换了眼神。沉默片刻，大家七嘴八舌地讨论起来。

"她是不是在逗我们开心啊？"

"是呢，不过我感觉自己精神起来了。"

"明年还是得继续办下去。"

"是啊，得多重视防盗了。"

她的一句"果然"，一句简单的自言自语，就让在场的全体人员都精神抖擞起来了。

"果然在你身边最安心了。"（对太太或恋人说）

"果然你最厉害了。"

试想一下，当别人这样对你说的时候，你会怎么样呢？

并非当面对你说，你们之间也没有眼神的交汇，对方只是自言自语，用低低的声音嘟囔地说出想要表达的内容。即便这一刻只是想象，但你的快乐已经上涌了，不是吗？

请大家一定要在合适的时机使用这一诀窍。

另外，这个小窍门的威力之大远超你的想象，所以请大家千万不要到处滥用。

13
100%
受欢迎的
说话技巧

在合适的时机来到之时，以自言自语的方式说出"果然"。

让对方一下子高兴起来的夸奖方式

你今天的衣服很有品位啊。

怎么回事？他平时都不夸我的呀。

乱夸一气，成效甚微

①运用"果然"小神器

②自言自语式地小声嘟囔

你果然最厉害。

果然还是人家厉害啊。

让别人察觉到，你一直以来都是这么认为的

对在谦逊文化中成长起来的东方人而言，这一招，成效卓著

14

与其说正确的话，
不如说别人喜欢的话

 别说自己想说的话，而要说对方想听的话

　　在这里，我要讲一个令人感到讽刺的道理，那就是：如
果我们越希望自己会说话，就越容易让对方不想再次与你
见面。

　　有推才有拉。这是人际关系之中最基本的力学公式。

　　当我们明晃晃地把"希望自己会说话"这一想法展示给
他人之后，在许多情况下，对方就会认为我们不过是希望在

他们身上捞点好处而已。因此，对方在情绪上就会疏远你。如果你是带着希望帮助到对方的心情与其交谈的话，这种心情自然也会让对方知晓，从而他们就会开始真诚地聆听你的话语。

我们应当时时谨记：**不要只说自己想说的话，要说别人想听的话**。

不说正确的话，说别人喜欢的话

这世间万物，乍一看似乎是在各种规定与道理之下运转的，但实际上，其运转都是基于情感的。

简单来说，无论是商务关系、朋友关系还是社区邻里关系，"好恶"二字就是一切。

当我们还处于孩提时代的时候，家长和学校的老师常常教育我们说："不可以仅仅根据自己的好恶去判断他人。"然而，事实却是，我们的家长和学校的老师其实也都是凭着自己的好恶来行动的。

那么在这层意义上，即便是我们日常生活之中的小对话，我们也要做到**不自说自话、不只说自己想说的，而是要说别人喜欢的话**。要想让别人希望再次与你相见，这就是你必须要做到的第一件事。

 无须强卖，只需传递给对方有用的信息

其实，这和做生意的道理是一样的。

打个比方，假设你是一个销售员，你要推销一款产品。但是，如果你不能做到发自内心地对你的客户抱有好感的话，客户是不会从你那里购买产品的。

最终起作用的就是：**作为一个人，你究竟有没有获得别人的喜爱。**

如果你只是就你想要推销的产品介绍个不停的话，那么不论是多么优秀的产品，都不可能卖得好。

因此，我们要做的是要怀揣着对他人有用、能够帮助到他人的心态去沟通。我们要完完全全地站在对方的立场，说出契合他们想法的话语，这样才会获得他们的喜欢。

再打个比方，假设你无法迅速地将要说的话与自己的工作联系到一起，你可以这样说："我之前听您说过您有着这样的困扰，其实我这次就是想告诉您，有这样的消息……"

如果你这样开口，对方一定会侧耳倾听你所说的话。

乍一看好像没什么效率，但即便如此，也是唯有那些以他人为先、说出他人喜欢的话的人，才能够顺风顺水地获得巨大的机遇。

能够觉察到这一点，说出契合对方所需要的内容，才能够最终获得成功。正如推销产品一样，只有真正解决客户痛点的产品才能够打动对方产生购买欲望。

14
100%
受欢迎的
说话技巧

对方喜欢的话、于对方有利的话，才是你要说的。

15

收到名片后，
不可以立刻收起来

 在记住职位之前，先记住对方的名字

初次见面之时，我们通常都会互相交换名片。那么当你收到名片之时，你首先会看哪里呢？

不同的人自然会看不同的地方，然而这也将决定着接下来整场谈话的氛围，以及对方对你的第一印象。

有很多人第一眼看的是对方名片上的所属公司名及职位。然而，**我希望你最先记住的，既不是那个人的所属公司，也**

不是那个人现在的职务，而是他的名字。

如果你在接到名片的那一刻，最先去看那个人的名字的话，那么你们的整场谈话一定更加容易展开。

所谓名字，是一个人从出生那一刻开始，与之伴随一生的东西。名字之中所蕴含的是父母对孩子的全部感情寄托。即便是笔名或者艺名，也蕴含着一个人对自己的期盼。因此，每个人的名字之中都饱含感情，这一点是永远不会改变的。

而名片则是一个很特殊的途径，它能够让你与对方在交换名片的那一刻，共同分享"名字"这一珍贵的财富。

重复地说出对方的名字，让对方的名字刻在你的脑海中

这里我要告诉大家一个十分重要的事，那就是，**在你与一个人初次相见、互换名片的时候，不要立刻把名片收起来。**

即便你把对方的名片收起来了，也要把对方的名字与名片上的所有信息全部记住，以对方的名字为起点来展开你们的对话。

另外还有一点，那就是，会说话的人，一般都在听到对方的名字后，立刻跟随叫出对方的名字。

举个例子，让大家来感受一下。

"您好，初次见面请多关照。我是××有限公司的田中。"

"田中先生，您好，我叫××。初次见面，承蒙您关照。其实，我经常使用贵公司的产品。"

不仅是商务洽谈，在日常的谈话之中也同样可以这样进行。再举个例子。

"您好，初次见面，请多多关照。我叫野村惠子。"

"您好，也请您多多关照。我叫××。野村小姐，平时您的朋友们都是怎么称呼您的呢？"

"我的朋友一般都叫我小惠。"

"我也想和您成为好朋友，那我以后也叫您小惠，可以吗？"

在这几句一来一回之中，既表明了自己想和对方好好相处，也表达了自己想成为对方的朋友。

或许也有人会在心里质疑：才第一次见面就这么和对方套近乎是不是太不合适了。

如果你这么想的话，那就先从"野村小姐"这个称呼开始吧。

其实，最为重要的两点就是：**知道了对方的名字之后，要立刻在对方面前叫出名字；尽量先叫对方的名字，再开展你们的对话。**

能记住对方名字的人，才会被人爱

擅长沟通交流的人，一般都十分擅长将对方的名字穿插在对话之中，与对方形成绝妙的距离感。

我已经说过无数次了，人最为重视的就是自己。

如果总是叫对方的珍贵的名字，那么对方一定会觉得自己已经被你所接纳了，也就会随之产生安心感与亲近感。

从名字开始展开你们的对话，频繁地称呼对方的名字。

把焦点聚集在对方的名字上，和把焦点聚集在对方本人身上是一样的。

即便在与他人第一次见面时，你不会突然说出很有趣的或十分复杂的内容也没关系。只要你在说话的时候，把焦点聚集在对方的名字上，那么就一定可以一下子缩短你与对方的心理距离。

　　第一次见面之时留下好印象之后，在第二次见面时，你一定要先叫出对方的名字。这样一来，对方对你的好感度也会直线上升。

15
100%
受欢迎的
说话技巧

记住对方的名字后立刻叫出来。

在交换名片的那一刻，
最先看的不是职位，而是名字

立刻叫出对方的名字

能记住别人名字的人，才会被人爱

16

勤说"你",招人爱

为什么经常说"你",就可以受到大家的喜爱呢

让我们直接进入正题吧,在这一节,我要教你一个十分实用的技能,只要你在和他人对话的时候记住运用这个技能,就一定会产生很大的功效。

这个技能就是**勤说"你"**。

"你"字说得越多,你就会越招人喜欢。

为什么会这样呢？

答案十分简单，那就是，在我们的内心深处，最喜欢的人都是自己。那么，在谈话过程中，谁把我们作为话题的中心，我们就会对谁抱有好感。

"你"，一个让对方成为话题中心的词

打个比方，即便是积极性的语言，也分为以自己为主和以对方为主。例如"好开心"或"很幸福"这种表达，说白了，还是以自我为主的。

看到这句话之后，或许有人在心里这样想：高兴的话也不让说，那你倒是说说，我到底该说什么啊？

然而事实上，如果你们的交谈是以对方为谈话中心的积极性的谈话，那么我们是可以做到让对方感到幸福的。

"和你见面会让我感到很安心。""谢谢你一直都对我这么温柔耐心。我真的好喜欢你这一点。""大家都说，希望能成为你这样的人呢。"

这些例子看起来似乎也都是以自己为主的谈话内容，但

75

是其实谈话的中心已经悄悄地转移到对方身上了。

以对方为谈话中心的人，是绝对不会让他人感到不愉快的。

因此，希望大家都能够在今后的生活中多加关注一下，当你与他人交谈时，在你所运用的词句之中，究竟是"你"说得多，还是"我"说得多。

招人喜欢的人，一般都会有意识地在谈话中尽量多去使用"你"。

16
100%
受欢迎的
说话技巧　　　　**勤说"你"，让对方成为谈话的中心。**

为什么总说"你"的人都那么顺利呢？

我好希望变得像你一样啊。

你太厉害了!

你太优秀了吧!

和你在一起的时候，我会觉得很安心。

总是说"你"的人，往往会迷倒一大片的人

为什么呢？

让对方成为对话的中心，对方自然就会开心。

人总是最喜欢自己。

77

17

吸引他人的说话方式：
不是说服，而是营造愉悦的氛围

 容易吸引到他人的人，一般都是能够制造气氛的人

当你在公司或社区中有想做的事情时，如果你过度地希望获得周围人注意的话，反而不会有人想要去靠近你。

推销产品也是同样的道理。即便你的热情十分高涨，但如果你一味地以自我为中心，自说自话地想要去说服别人的话，是不会吸引到顾客的。

一定有人会想：你话是这么说，但是如果不去说服周围的人的话，也不会有人去帮自己的。

然而事实却是，与说服他人相比，还有一个更好的方法可以吸引到顾客。

从前，我看过一个动画片，其中有这样一个情节令我印象十分深刻：在人潮涌动的广场上，突然出现了一个男人，他伴随着音乐开始跳起了舞。周围许多人都在用诧异的眼光盯着那个男人。除此之外，也有不少人假装没看见的样子，匆匆忙忙地离开了广场。然而过了没一会儿，就有其他人也开始跟着他跳舞。在那之后，跟着跳舞的人逐渐增加，最终整个广场就好像露天舞厅一样热闹非凡。

第一个跳舞的那个人，尽管最开始只有他一个人在跳舞，但他却享受其中。那么很自然地，这种氛围吸引到了其他人，并且加入的人数不断增加，最终整个广场都成了一个动感的世界。动画片的这个情节生动地体现了一种心理：人们容易被愉悦的人所吸引。

强硬地去说服一个人，无异于强行拉着一个人去跳舞。而我们要做的，并不是硬拉着别人去跳舞，而是自己不顾及他人眼光地自娱自乐，享受舞蹈的快乐，营造出愉悦享受的氛围。这样自然会有许多人希望与你共舞。

被你吸引来的人，就是你的最强助力者

　　用了上述的方法，你就可以不用再白费力气地去说服别人了，而且还可以让别人想要去跟随你。

　　为什么会这样呢？这是因为，**与强行被说服相比，感受到了很愉悦的氛围后自愿加入进来的人，才拥有更强烈的意愿。**

　　当你需要周围人的帮助时也是如此，首先你要做的事便是自己先动起来，表现得干劲十足。这样一来，一定会有人主动问你需不需要帮忙。那些过来向你伸出援手的人，就是被你所营造的氛围自动吸引过来的最强助力者。

17
100%
受欢迎的
说话技巧

自己营造愉悦的氛围，吸引你周围的人。

你是否曾硬拉着别人去听你说话呢？

热情高涨地拉人参与自己的活动

这个项目是为了广大群众才做的。

你自己一个人做吧。

不知道为什么，就是不想帮他。

你们也应该跟着我一起做。

不来帮我的人，一点意识都没有。

大家都喜欢围在一脸开心地说话的人身边

这个项目特别好玩啊。

看起来好像挺开心的样子，要不我也试试吧。

大家一起做好不好啊？

感觉好有趣啊。

我就喜欢帮助这样的人。

首先，要自己动起来，要自嗨！

18

寻找和对方的共同点：
主攻食物、家乡和宠物

 自然地开始对话的三大话题法宝

　　每个人都有属于自己的兴趣爱好，并且都希望能够和其他人分享这些。在这种心理的驱使下，即便是与他人初次见面，我们也都热切地希望能够"偶然"地发现一些自己与他人的共同点。

　　如果这种"偶然"成真，那么即便你在和不太熟的人聊天，你那惶恐之情也可以得到很大缓解。

一般来说，像政治、宗教和家世这些敏感话题最好不要去触及。这是因为，这些话题都关系着强烈的个人主张或家族血缘，很容易引起一些争论，甚至有可能导致互相伤害。

那么，我们究竟要引出什么话题，才能既避免这种伤害，又能让大家聊得十分起劲呢？

答案就是**食物**、**家乡**和**宠物**。

 食物话题：让你敞开聊

吃饭是人类的三大生理需求之一，是所有人都共同拥有的最基本的生活习惯。

吃饭与同属于人类三大生理需求的睡眠需求和性欲需求有所不同。食物相关的话题是最容易展开的，也是最容易让大家放开聊的话题。

打个比方，在一个立式自助餐会上，如果你注意到一个人往餐盘里夹的食物，并且以此为话题的切入点展开对话的话，那么你们一定可以聊得十分起劲。

前情提要：在立式自助餐会上，你发现一个人夹了很多烤牛肉。

你说："啊，烤牛肉看起来好像蛮好吃的。您喜欢吃烤牛肉是吗？"

对方："是啊，我特别喜欢吃肉。"

你说："我也特别喜欢！您有什么推荐的烤肉店吗？"

对方："当然有啊。有一家店特别好，我自打去那家店吃过之后，就再也不想去别家店了。"

你说："那肯定很好吃了。方便的话，可以告诉我一下店名吗？"

对方："当然没问题啊，那家店的名字叫……"

虽然每个人的口味各不相同，但是如果对方是男性的话，你就从拉面、咖喱、肉类展开话题；如果对方是女性的话，你就从意大利面或甜食等展开话题。这些食物的击中率还是很高的。开始聊天之后，你们可以就喜欢某种食物的哪种口味及推荐的餐厅等继续深度交流。这样一来，你们的话题就可以轻而易举地得到展开了。

家乡话题：能够意外地让你们找到共同点

第二个话题就是家乡。如果你遇到了你的老乡，就可以愉快地展开关于你们家乡的话题了。

就算你遇到的不是老乡，也不必慌慌张张地赶紧改变话题。你可以询问对方家乡的名胜、特产。如果你去过对方的家乡，就可以说出那次旅行的经历，并以此为开端，引出对方家乡这一话题。

其实，就算不是老乡，你也可以从家乡这一话题中找出你们的共同点。

在上一节中，我介绍了名片的相关知识。那么打个比方，如果我们收到了名片，并且以名片上的内容作为话题的切入点，也可以很自然地将家乡这一话题插入进去。

"古贺先生，对吧。说起来，好像福冈县姓古贺的人特别多。欸，您是福冈人吗？"

"哇，您也太厉害了，这个都知道！正是正是，我是福冈县柳川市人。"

"啊，柳川市啊，我之前去过一次。那里可真是有不少名胜和特产呢。诗人北原白秋就生于柳川市。另外，那里的笼蒸鳗鱼特别有名，而且还可以游船漂流。"

"是的。柳川市可以观光旅游的景点还真是非常多，所以一到暑假这种假期，哪儿都挤满了人。"

"我去的时候正好没有什么人。然后我也去漂流了，真的是太惬意了。我当时去，是为了和我的老同学见面。我那个同学继承了柳川市的××商店。"

"不会吧！是××吗？我认识他，我们是一个初中的。"

"真的吗！天呐，他最近好吗？"

"前几天我们同学会的时候刚见面。"

"哇！这个世界也太小了，我们也太有缘分了。"

"我也这么觉得。"

人与人总是会在一些场合被十分意外地连接在一起。两个人的缘分如此深厚、有着某种关联的例子其实并不少见。

宠物话题：七成日本人都感兴趣的话题

第三个话题就是宠物。

有一种说法称，在日本人之中，三户人家里就有一户人家在饲养宠物。实际上，一个保险公司对500人进行了调查，结果显示，选择"有饲养宠物"的人数占总人数的30%以上。

还有其他的调查，加上选择"尽管没有饲养宠物，但是很喜欢小动物，未来希望饲养宠物"选项的人数，对宠物感兴趣的人一共占到了总人数的70%以上。

也就是说，如果聊起宠物话题，你的击中率是十分高的。

如果你正在饲养宠物，那么你就可以先开始搭话。例如："那个，最近我家的狗……"这也不失为一种主动进攻的策略。如果对方也是个饲养宠物的人，或者是喜欢小动物的人的话，你们很快就会在宠物话题上聊得起劲，并且很容易产生亲近感。

"上原先生，前几天收到您的名片之后，我就关注了您的脸书（Facebook），您是在养小卷毛狗吗？其实我也在养。您家小狗几岁啦？"

"我家小狗三岁了。佐口先生，您家小狗几岁啦？"

"我才刚养它三个月而已，但是这孩子实在是太可爱了。我现在每天都想赶紧回家，晚上的聚餐我也都推了很多，生活习惯完全改变了。"

"小狗是真的太可爱了。"

"上原先生，您是饲养宠物的前辈了。其实我有个问题想要请教您，咱们这里有没有卷毛狗的饲养交流群呀？"

"有啊，我家小狗也参加了。方便的话，我给您推荐一下？"

"嗯，一定一定。"

就像这样，食物、家乡和宠物绝对可以称为话题的三大法宝。然而除此之外，Facebook其实也可以帮助我们找到许多共同点。

与照片墙（Instagram）和推特（Twitter）相比，由于实名登录Facebook的用户较多，所以其具有很大的优势，它可以帮助我们轻松找到身边的人。

其实，我也经常在Facebook上搜索刚刚认识的人的名字，然后就可以轻松得知他们喜欢的书或电影。

那么同理，对方也可以很轻易地在Facebook上寻找与我们的相同之处，所以我们要时常更新自己的Facebook等社交平台，充实那里的内容。

我们的目标就是顺利找出与对方的共同点，并与之构建良好的人际关系。

18
100%
受欢迎的
说话技巧

积极灵活地运用三大话题法宝，寻找与对方的共同点。

不知道该说什么的时候，绝对能帮助到你的三大法宝话题

①食物

您喜欢吃肉吗？

是的，我特别喜欢。

我也特别喜欢呢。

②家乡

福冈县姓古贺的人挺多的。

您太厉害了，连这都知道。

您是福冈人吗？

正是，我是福冈县柳川市人。

③宠物

是的。山田先生您也在养吗？

您在养卷毛狗吗？

找到共同点后，你们的对话氛围立刻就会变得热烈

19

逗人笑，
不如一起笑

 写给与喜欢的人说话时，总是用力过猛的你

"我太开心了，终于能和自己喜欢的人说话了！"

"我好希望能够和那个人成为好朋友！"

"好希望下次见面的时候，那个人能再多给我讲一讲。"

如果你有着上面的这些想法，那么你要注意了。在你产生这些想法的那一瞬间，你就已经在表达方面用力过猛了。而且最终的你，很有可能无法正常表达出自己的想法；或者你会净说些无关痛痒的事，却无法说出最重要的事。

你是否也有过类似的经历呢？

其实，当我们和那些能够让我放松的人在一起时，我们是不会在表达方面用力过猛的，并且我也能够与之构建起自然的人际关系。然而，当我们在面对一些特别人时，总是会不自觉地在表达方面用力过猛，并且多说些不需要说的话。

我也有过好几次相似的经历。一到这种时候，我脑子中的扩展话术就完全被抛到九霄云外了。最终结束见面后，我会带着懊悔的心情走在回家的小路上。

因此，为了让大家不再重蹈覆辙，我要介绍如下法宝。

 ## 面对女性，屡试不爽的交流法宝

（商务关系）"哈哈哈，这也太有趣了。然后怎么样了？"

（朋友、恋人等关系）"哈哈哈，笑死我了。再给我多讲点。"

比起逗我们笑的人，我们更喜欢和我们一起笑的人。

只要你能够理解上面这一点，你自然会获得大家的喜爱。

从此，你再也不必喋喋不休地说很多话，也不必要求自己必须把话说得连贯又流畅，更不必去勉强自己说些讨对方欢心的话。

希望大家，尤其是广大男士，一定要把这个道理牢记在心。

为什么这么说呢？这是因为，**与男性相比，女性更容易引发共鸣，产生喜悦等感情。**当然，个体差异也是存在的。

打个比方，当你面对你的太太、搭档或恋人时，如果你觉得她们说的话过多，就一定要试一试我的这个法宝。当然，还要加上你的表情和肢体语言，并且尽量发挥你的演技，展示出超高的震惊或喜悦之情。

请大家一定要尝试一次。

19
100%
受欢迎的
说话技巧

和你在意的人一起笑，瞬间缩短你们之间的距离。

20

能用一辈子的自我介绍
方法

 一次性解决你这一生自我介绍的烦恼

当你处于与他人初次见面或参加会面等时刻，自我介绍是免不了的。

从时间上来说，自我介绍一般都控制在1～3分钟比较好。但也有许多人曾诉苦，说自我介绍太难了。

大部分人所烦恼的，都是不知道该在自我介绍时说些什么才好。然而事实却是，只要你进入社会，那么在许许多多的场合之下，你都必须进行自我介绍。为此，我们必须提前认认真真地准备好自我介绍的内容。

接下来我要教给大家自我介绍的方法，虽然在一开始的准备期间会让你感到有些费时费力，但是只要你亲身实践过一次，就可以受用一生。

这个自我介绍的优点在于，尽管随着岁月的流逝，你的工作可能会发生变动，但你只要在自我介绍中做出一点小小的调整就好，大的方向是永远不会变的。

 ## 做出动人心弦的自我介绍，总共分三步

第一步，写出自己的履历。

从出生到现在，分别写出各时期的经历。

第二步，浓缩成一篇大纲。

省略掉家乡、出身学校等多余的信息，将自己的过去简略整理成一篇大纲性质的文章。

如果你认为说出家乡或学校是有意义的，可以将这部分内容加进去。

第三步，提取关键词。

当你将自己的文章浓缩成关键词时，你需要考虑下面这些问题：我为什么在做现在的工作呢？现在的我，在体验着怎样的欢喜、发挥着怎样的价值呢？等等。

你在自我介绍时，是否总是找不到合适的词句呢？或者，你的自我介绍是否总是啰啰唆唆的呢？这些问题归根结底，都是因为你不够了解自己，以及你还没有找到合适的词句去体现出原原本本的自己。因此你首先要做的是从头开始捋顺自己的履历，将它们合成一篇文章，然后再从中提取关键词。这样一来，你的自我介绍就不再是一份单调的简历，而是一篇承载着你自己思想的优秀的自我介绍。

最能扣响他人心弦的地方，就是你的思想。

 含有感谢之意的自我介绍，最能震动人心

如果你需要在众人云集的地方做自我介绍，那么你就必须在自我介绍中再加上重要的一点。

那就是对主办方和各位来宾的感谢，表达出你得以与他们相见的愉悦之情。

不论是怎样的大场面，都有一个共同点，那就是作为中心，支撑着整场活动的主办者的存在。

如果没有他们，那么现在的你也不会站在这里。如果你对这份缘分抱有感激之情，那么理所当然地，你就需要用语言来表达出你的感谢。

其实许多人明明都会很努力地准备自我介绍，然而最终的效果却不理想。也正因如此，在众人面前做自我介绍的时候，必须要表达出你的感谢之意。只有这样，你的自我介绍才更能走进大家的心里，成为一篇优秀的自我介绍。

"大家好，初次见面，请多包涵。我叫铃木太郎。首先，请允许我向本次大会的主办者佐藤幸子女士致以最诚挚的谢意。

我现在在文曲星书店工作，是商务书板块的负责人。虽然在这世界上，已经涌现出了许许多多的好书，然而事实上，或许很少有人能够找到自己真正需要的书籍。因此，我离开了制造书籍的出版社，转到了书店，其是连接人与书籍的纽带。

每个月，我们的书店都会进大量的书。而我的使命，就

是'创造出一个地方，让人们能够与改变他们命运的书籍相遇'。

谢谢大家！今后也希望大家能够多多关照。"

20
100%
受欢迎的
说话技巧　　在扣人心弦的自我介绍中，履历比不过思想。

做出动人心弦的自我介绍的三个步骤

①写出自己的履历

☑ 从出生到现在，分别写出各时期的经历。

1974 年	出生于爱媛县今治市
1992 年	毕业于××高中，进入××大学
1996 年	进入××广告公司
1998 年	转入××出版公司 六个月后辞职 同年开始学习调酒技术
2000 年	回归家乡今治市 就任调酒师

②浓缩成一篇大纲

☑ 省略掉家乡、学校等信息。

☑ 将自己的履历简略整理成一篇文章。

出生于爱媛县今治市

18 岁时考上大学，来到东京。大学毕业后，先后进入广告公司、出版公司工作，均未工作太长时间

开始学习调酒技术

两年后成为调酒师

③提取关键词

☑ 选定能够体现如今的你的关键词，写成一篇文章。

出生于爱媛县今治市

从小学的时候开始就希望长大后能够成为一名调酒师

18 岁时考上大学，来到东京。与此同时，一位梦想成为调酒师的朋友去世。于是决定重拾早已抛却的梦想。24 岁时以成为一名调酒师为目标，开始学习调酒技术

两年后，回到今治市老家，成为一名调酒师

21

最强话题撒手锏
——制作失败列表

失败才是成功

　　每个人都会有许多烦恼、遇到许多挫折。

　　每当这个时候，我们总会不自觉地羡慕那些看起来顺风顺水的人，并且对自己的失败感到郁闷。

　　打个比方，当我们看到了我们想见到的人，或者想要和谁进行一场愉快的交谈的话，就一定要使出我们的超强撒手锏——**失败话题**。

在这个世界上，总是成功从不失败的人是基本不存在的。有很多人都曾有过不同形式的失败，并且感到十分悔恨。

此时，我们就要使出我们的撒手锏了——收集关于失败的话题，因为失败是所有人都曾经历过的。

为此，我们要制作出**失败话题列表**。

让我们回顾过去，重拾那些曾让你羞愧的事或失败的经历，把它们制作成一个列表吧。

我的失败谈：我家里住了一个外国人

这是我失败话题中的撒手锏。

这是我小学一年级时发生的事情了。一开始，我身边的一个小朋友展开了一个话题：你们家的爸爸和妈妈有多厉害？

而我也想说些什么，所以我不假思索地撒了一个谎道：**"我家里住了一个外国人。"**

话一出口，其他的小朋友都炸了，纷纷围了过来。

"太厉害了！"

101

"居然有外国人！那你会说英语吗？"

最后我实在没有办法，只好找了个借口，说要去其他地方，逃也似的离开了。尽管最终我含含糊糊地终结了这个话题，但是在那个时候，只要一回想起来，都会让我感到十分沉重。

如今再回首，我不禁会为当年的自己发笑，甚至疑惑，究竟为什么要撒那样的谎呢？

你的失败经历是让对方安心的绝妙处方

"运动会的时候我拼命地跑，结果还是跑了个倒数第一。"

"我当时和朋友说大话：'我绝对能追求到那个女孩，那个女孩绝对喜欢我。'结果告白了之后立刻被拒绝了。"

"我走路的时候总是注意着周围的目光，还特地穿高跟鞋，想展现出飒爽英姿的样子，结果走着走着高跟鞋的鞋跟掉了。"

只要我们肯回忆过往，一定会有许多自己的失败经历可以说。

当然了，我们也不一定非要说那么久远的事情。或许在你回忆过去的时候，也会想起不少发生在最近的搞笑的倒霉事。

接下来，你要做的就是养成制作失败列表的习惯。在未来，如果你经历了什么失败，就随手把这些事情添加到列表里，以备将来讲述。这样一来，你的失败经历也会转化为积极且富有意义的过往。

不论怎么说，所谓失败谈，就是会引起他人共鸣的事。

公开说出自己的难堪过往，是绝不会降低别人对你的评价的。能够从过去走出来，并且微笑着做出改变的你，是会给他人带去很强烈的安全感的。

当然，在这里我还要再提醒一点，那就是不必勉强自己把那些不想说出来的过去也说出来。希望大家能够回忆起那些可以笑着说出来的失败过往，并且制作成列表。

21
100%
受欢迎的
说话技巧

制作失败列表，在合适的时机聊起你的失败谈。

曾经的失败谈是最棒的话题

说谎导致翻车的故事

有一个外国人住在我家。

能说英语吗？

好想见一下！

呜呜呜。这下糟了。

怎么办呀。

误会导致翻车的故事

我绝对能追求到那个女孩，那个女孩绝对喜欢我。

真的吗？

真的呀？

请你和我交往吧！

我有喜欢的人了。

被拒绝了。

为什么之前会做这种事呢？把这些事情放到列表之中

人们总是会对失败产生共鸣，再也不用烦恼没话题了

第 3 章

不招人烦的说话方式

22

不招人烦比招人
喜欢更重要

最终，左右你人生的就是沟通交流

　　在人群聚集的地方，大家都会说很多话。

　　在你阅读本书的这一刻，整个日本中形形色色的人，也都在进行着各种各样的交谈。

　　这样想来，在我们的人生当中，为沟通交流而花费的时间似乎太多了。

　　因此，绝不夸张地说，沟通交流在你人生中是占有绝大比例的。那么，你与他人交流过程的愉快与否，也就决定着你的人生是否会有巨大的改变。

让我们来详细地去观察一下人与人之间的沟通交流吧。

有一部分人，会让别人觉得：这个人一定很招人喜欢，这个人好会说话。

也有很大一部分人，会让别人觉得：这个人不太会说话，这种话也不必在这种地方说吧。

你的人际关系的建立及好坏，九成都靠你的说话方式来决定。

在此之前我也说过很多遍，让别人心情变好的说话方式的确很重要，但是不伤害到别人的说话方式也同样重要。

 重点：不招人烦更重要

这一点，希望大家能够牢记在心。

在人与人的交流中，最重要的就是：**在被喜欢之前，不要被别人讨厌。**

人的感情并非只有开心与不开心两种。

　　积极和消极的感情其实都是互相交错的，如果大家想象一下，其实是很容易理解的。

　　尤其是在初次见面的时候，别人对你的印象只有两种：

　　（1）感觉这个人不错，希望和这个人成为朋友。

　　（2）总觉得这个人有点讨厌，不想再和这个人说话了。

　　如果真的发生第二种情况的话，那么你就需要花费很大的力气去将对方对你的恶劣印象扭转为无感。

　　也就是说，会说话的人心里十分明白，如果被别人讨厌了的话，之后就需要十分努力地去转变别人的印象，这是十分困难的事情。所以比起选择招人喜欢的说话方式，会说话的人都在花更多的心思去研究不被人讨厌的说话方式。

　　那么在这一章中，就让我们去看一看那些不招人烦的说话方式的实例吧。

22
100%
受欢迎的
说话技巧

会说话的人都掌握着不招人烦的说话技巧。

23

会说话的人
都不说不该说的话

 为什么他会招人烦

在听周围的人聊天的时候，总有那么一个人会让你产生疑惑：为什么那个人偏要在这个时候说这种话呢？

因此，这个人才招人烦。

举个例子，一个人很开心地说："我养了一只小狗，我特别珍惜它。"然而另一个人却不管这些，直接就说："我讨厌狗。"

这种人往往都是不考虑对方的心情，经常说这种不该说的话，扫别人的兴的人。可令人意外的是，在这个世界上，经常说这种话的人是很多的。

其实，就算自己不喜欢狗，在这种情况下也应该说："这么可爱吗，真好啊。"况且，对方也没有强迫你必须喜欢狗啊。

将所有的话直接说出来，并不是一件好事

那些会说话的人平时都是怎么说话的呢？

如果一个人说："我特别喜欢小狗。"那么一定要回答："是嘛，您喜欢小狗呀。"

即便那个人接着问："你喜欢狗吗？"你也要回答："我没有养过狗，所以不太了解。不过听您这么一说，小狗肯定很可爱吧。"

也就是说，即便你自己讨厌某个东西，但是也要顺着对方的感情去选择你的词句。

再换一个情境。如果一个人说："我特别尊敬我们总经

理。"那么只需要附和他的话就可以了。即便那个总经理的风评并不好，会说话的人也绝不会故意说出这种坏话："你们公司的总经理风评特别差。"

刀子嘴豆腐心的人是不存在的

人是生存于各种关系网中的。有些时候，你是可以直率地说出自己真实想法的；但同样有些时候，你是绝对不可以说出自己真实想法的。

也有许多人说："在这个世界上，有很多人虽然说话不好听，但是却是个好人。"

但是要我说的话，这个世界上根本就不存在说话难听但人却很好的情况。

一个人为什么会说那种话呢？那是因为他的脑海中就是这么想的，所以才会这么说。就像不管你怎么拧一个橙子，出来的汁也只能是橙汁一样。一个人的心中没有那样的想法，是绝不会从嘴里说出来的。

心中有爱的人，才会说出有爱的语言；心地不好的人，才会说出不好的话。

　　然而令人遗憾的是，在这个世界上，总是说些消极的话
语给别人带来麻烦的人是一定存在的。

　　不论你的主张多么正确、多么理所当然，如果你的话会
在不恰当的场合给别人带来伤害的话，那么请你绝对不要说
出来。

　　你在与他人沟通交流的时候，使用那些会给别人带来情
感共鸣的话语，一定会提升你的个人魅力。

　　请大家一定要用心去试试。

23
100%
受欢迎的
说话技巧

**会伤害到对方的那些不该说的话，一句都不
要说。**

仅一句不该说的话，就能伤害到对方

说话过于直接就会……

小狗很可爱吧!

我不喜欢狗。

伤害了对方的感情

考虑对方的感情就会……

小猫也太治愈了吧。

养养看的话一定很可爱吧。

贴近对方的感情

24

道理要迂回地讲，
不可太直接

 正因为是道理，所以在讲道理的时候才更要注意

如果可以的话，真的不希望被别人讨厌。相信不论是谁，都是这么想的吧。

然而在有些情况下，你不得不指出对方的错误。那么在这种时候，你最应该关注的，就是如何去讲道理。

讲道理其实是最难的。如果你讲道理的方式不当，就很有可能伤害到对方。

　　有些时候，过于正确的道理会切断别人的退路，把他们逼到死胡同里。正因为是过于正确的道理，所以我们才更需要花些心思，避免过于直接地讲出来。

怀着对对方的爱，善意的谎言也是一种策略

　　从前，有一个晚辈曾到我这里咨询过这样一件事。

　　大学毕业后，他进入一家大企业工作。然而不论他怎么努力地工作，都无法获得周围人的认可。他对此感到十分地苦恼。

　　他自述说，他早晨上班比谁来得都早，并且在其他同事到来之前还会做许多杂活，比如开咖啡机等。接下来，在他做好自己的邮件确认等本职工作之后，还在前辈们跑外勤的时候替他们做好各项准备工作，时刻让自己处于待命状态。

　　他每天都十分积极地揽下各种工作，也有着很多自己的想法。听起来这一切都很完美。然而，他却得不到周围同事

的认可。

不过，我在听完他的讲述后，就已经感到很累了。为什么这么说呢，是因为我已经对他的状态了如指掌了。他的努力都没有用在对的地方，也就是说，其实他每天都在白忙活儿。

其实很多刚刚开始工作的人，都会陷入这种状态之中。

那些他自认为自己做得很好的事情，其实对周围的同事来说，都是被强加给自己，令自己感到左右为难的事情。

于是，我对他说："我也有过完全类似的经验。那时候，我的一个前辈，他告诉我说……"

其实，那个前辈根本就不存在。然而，即便那个前辈不存在也毫无影响，即便故事是编的，能够开解到别人就是好故事。

最重要的是，我们要**在不伤害别人的前提下讲道理**。就像我刚刚提到的案例，如果我直接上来就讲道理的话，是会深深地伤害到那个晚辈。

于是，我编造出了一段失败的经历，以及那个不存在的前辈对我的忠告。这对他来说并不是指责，他也能够敞开心扉地去聆听我讲的故事。

说话的时候，将对方与自己置于同一视角

直接地讲道理，无异于当面批评别人说："你是错的。"如果是这样，对方也会自然而然地保护自己，让自己处于防御状态之中。

如果你转换一种说话方式，如"其实我也犯过相同的错误""我之前被上司批评了一顿"等，这样就会让你的视角与对方相同，从而能够引起对方的共鸣。

能够考虑得这么细致的人，人际关系一定会处理得非常顺利。

其实我自己也很难去接受那些直接的批评，也有好几次敞开心扉地去聆听他人的经历。

在那之后我注意到，有人选择了不会伤害到我的说话方式。

不论是谁，都有自己的立场、原则和情感。所以，每个人也都有着自己的道理。我们要充分理解这一点，并在尊重对方立场的前提下，选择能够让对方理解的说话方式去讲道理。

　　希望大家能够参考自己周围那些会说话的人的沟通策略，并亲身尝试一下。

24
100%
受欢迎的
说话技巧

与对方处于同一视角后再去讲道理。

直白地讲道理是绝对不可行的

直白地讲道理

站在对方的角度讲道理

> 我每天都是第一个到公司的，我特别努力，公司应该肯定我的价值。

> 我每天都是第一个到公司的，我特别努力，公司应该肯定我的价值。

> 我没有错！

> 你还是听一听周围人的意见比较好。

> 之前，有一位前辈曾经这么跟我说过……

直白地用大道理来回答对方，
只会给对方带去伤害

即便不是真实的故事也没有关系，
重要的是，你要做到与对方置身于
同一视角

25

让烦恼的人卸下重负，心情变好的方法

 对于烦恼的人来说，不存在积极的建议

别人曾经找你商量或咨询过什么事吗？次数是多还是少呢？

不论如何，在别人找你谈心的时候，只要记住且运用我接下来所讲的内容，将会让你受益无穷。

前来找你谈心的人，其实在他们的内心深处都有着同样的强烈渴求：希望你能听我诉说，希望你能够理解我，希望

你也能够产生共鸣，等等。

其实，很少有人是真的为了得到一个解决方案才来找你商谈的。

而且，要商量的事情也分为积极和消极两类。在更多的情况下，比较消极的要素居多。因此，我们不要直接提出十分积极的建议："你这么低沉是不行的，你要往好的方面去想。"

如果你真的这么说了，那么前来找你谈心的人也就再也不想和你说什么话了。

对方所渴望的是得到你的理解和共鸣，而不是被你逼着朝积极的方向去思考问题。

对方在情感上已经处于消极状态的时候，如果你强行提出你那积极的论调，那么一定会有人认为你是在说教，从而导致你的一切安慰都竹篮子打水一场空。

也就是说，如果我们越想着让对方振作起来，那么对方对你的情感也就越会急转直下。

提建议的时候慎重再慎重，不要把你的意见强加在对方身上

其实有些时候，对方来找你的确是希望得到一些建议的。那么在这种时候，你的最佳回应方式就是要客观且谦虚地给出你的回答。

打个比方，千万不要说："你一定要这么做。"而是要说："这只是我个人的一点想法。""我觉得也可以这么想。"

如果你以这些句子作为开头，对方也会一下子听进去的。

记住，得出最终结论的，永远都是对方。

不论你怎么坚持你的主张，都不要强迫对方去接受你的想法。如果你过度地把自己的主张强加在对方身上，那么，对方对你的感情也就会急转直下。最终的结果一定是你悔不当初。

强势地主张"这样做是对的"，经常会给人一种被强迫的感觉。所以，我希望大家要尽量避免这种说话方式。

那些烦恼的人只不过是希望你陪伴在他们身边

当你和正在烦恼的人碰面时，你要对对方说的第一句话就是：**"我们一起来想吧。"** 此时并非要你拿出解决方案，而是陪伴对方一起烦恼、一起思考。仅仅这一句话，就会给予对方足够的勇气。

"我知道现在的你非常痛苦，非常难受。我们一起来想想该怎么办吧。"

"你现在的心情我全都明白，你一定特别痛苦，我们一起来想想要怎么解决才好。"

这样的话语，会让对方悬着的心慢慢放下，整个人也会渐渐地朝着积极向上的方向行进。那么这个时候，才是你做出积极回应的最佳时机。

跌入谷底，就再次朝着山顶开始攀登。而你，就是这个时候，在对方的身后给予其最大支持的人。

25
100%
受欢迎的
说话技巧

面对正在忧愁烦恼的人，首先要做他情感上的依靠，一句"我们一起来想吧"足矣。

如何与正在烦恼的人谈心

> 菊川小姐说我坏话了，怎么办?

> 菊川小姐说我坏话了，怎么办?

强行积极引导的人

陪伴对方的人

> 不行啊，你不能只想这些坏的方面。

> 我们一起来想想应该怎么办吧。

消极的谈话，是无法使对方朝积极的方向行进的

怀着"一起思考"这一想法陪伴对方

26

面对不同职位和地位的人，
绝对不要改变你的说话方式

 无形之中引领着周围人的人

"在我拿出名片之前，那个人的态度特别傲慢。结果看了我的名片后，那个人的态度一下子就来了个180度大转弯。"

"他虽然对我这个客户以礼相待，但是对下属和晚辈却特别粗鲁。"

对于这种见风使舵、看人下菜碟的人来说，在他们掌握优秀的说话方式之前，本身就存在着重大问题。

有很多人，在面对出租车司机或超市的店员等人时，态度就会来个180度大转弯，和他们接待客户时的态度完全不同。

如果我们在面对所有人的时候都怀揣着一颗感恩的心，自然也会说出"麻烦您了""谢谢您"等话语。

那你又是如何待人接物的呢？

人们都在注视着你的说话方式

语言和态度都会随着我们自己的意识而改变。

根据对方的地位和职位而改变自己说话方式的人，是绝对不会招人喜欢的。对不同的人使用不同的语言和采取不同态度的人，在他们的意识中都存在对待下属和比自己职位、地位低的人态度傲慢也完全没问题等错误的想法。

当你的语言和态度渗透出了你的这个想法之后，就会令你周围的人都感到十分不愉快。

面对职位高的人、重要的人时，不论是谁都会十分注意自己的措辞和态度。

然而，在我们的日常生活之中，面对我们每天都在接触的身边人，我们都在使用着怎样的措辞和态度呢？

一个人的人品，其实就表露在这个时候。其实，你身边的人都在看着你。

前几天，我在东京地铁里迷了路，找不到出口了，于是我就向一位地铁工作人员问路。那位工作人员用客气的敬语回答了我的问题。然而，接下来又有一位老年妇女找他问路，他的语气就显得十分不耐烦："我不是说了吗，往右走。哎呀，我不是说了吗！"

听到这里，我的心情十分复杂。

的确，可能因为那位老年妇女的理解力有些差，因此地铁工作人员也跟着焦躁起来了。

可是，我们再想想，如果来的是一位凶巴巴的中年大叔，那么这位工作人员会怎么回答呢？还会采取同样的态度吗？我想大概是不会的。这种人都只是见风使舵惯了，面对不同的人可以做到随即转变自己的态度的。

还有另外一个例子让我印象十分深刻，可以清楚地表明看人下菜碟是多么招人厌恶。

这件事发生在一个派对上。

有一位男士就站在我的身边，他的说话态度十分傲慢。然而在和他的谈话对象交换名片后，他的态度立刻就发生了完完全全的改变。"真不好意思。我不知道您是这么厉害的人物……"他的脑袋也开始不住地往下低了。一开始，他的说话方式十分随意。然而在得知对方的职位比他高之后，立刻就低下了头。

从不改变说话方式的人，才会得到他人的信赖

不管你习惯于骄傲地讲话，还是习惯于使用委婉、替他人考虑的说话方式，你都必须将这种说话方式贯彻到底。

如果你就是很骄傲地活着，那么不管面对谁，都要采取你一贯的说话风格。如果你一贯替他人着想，那么也要将这种说话风格从始至终地运用下去。

基本要求：面对任何人都不改变你的态度和说话方式

一定会有人反驳我说："日本社会是一个注重身份和阶层的社会，因此在面对那些比我们地位高的人时，我们必须低下头。"

但我想说的是，当我们在面对比我们地位高的人时，采取礼貌的说话方式是理所当然的。

所以，不仅在面对比我们地位高的人时，在面对地位低于我们的人时，也应该和他们亲切地说话。这其中的道理都是相通的。

礼貌地与人说话，并且不论什么时候都保持良好的态度、散发魅力，是我们在面对所有人时都应该做到的。这件事情本身无关任何人的身份与地位。

这是最好的说话方式，也是构建人际关系的最好方法。

不论是面对身份尊贵的人，还是面对身份低于自己的人，都要做到一视同仁，礼貌地与之交谈。

　　站在你面前的，是男性也好，是女性也罢，都要在说话的时候考虑到对方的感受。不论你面对的是一个凶巴巴的人，还是一个内向且不善言辞的人，都要保证自己做到以礼相待。不管对方是谁，都要在说话的时候，重视对方的心情与感受。

　　只要你牢牢记住这一点，你的魅力就再也不会消失，反而会愈加熠熠生辉。

　　若能做到永远没有偏颇，对所有的人都说一样的话，那么不论是谁，都会认为你是一个优秀的人。

26
100%
受欢迎的
说话技巧

不要因为对方的身份和地位而改变你的说话方式。

27

招人烦的人的说话方式

 招人烦的人，他们的说话方式都有共同点

有人会由于他们的说话方式而获得喜爱，那么同样地，也有人会因为错误的说话方式而遭到大家的厌恶。

那么，在这里让我们总结一下那些说话招人烦的人的共同点。

①总说这四个词句。

"但是""我不是说了吗""反正""不行"。

频频说出这四个词句的人，一般都比较招人烦。

尤其令人在意的词，就是"但是"。

打个比方。当一个人刚说自己喜欢某人时，别人立刻反驳道："但是，这个时候肯定不行啊。"

那么，相信不论是谁，此时心情都不会好。

当然在一些情况下，我们必须要使用"但是"这个词。可如果你总是不停地重复"但是"，那么整场谈话的论调都会朝消极的方向改变。

所以在这种情况下，**我们首先要做的是肯定对方，然后再委婉又温和地说出自己的想法**："是啊，只是在现在这种时候，到底会怎么样呢？"

"我不是说了吗""反正""不行"也存在同样的问题。

感受一下"我不是说了吗，是……""反正××肯定不行"这些话语的论调。

事实上，跟在"我不是说了吗""反正"后边连用的一般都是表示放弃、借口等含义的词句。因此，如果你总是重复这些词句，就很容易让别人认为你是一个消极的人。

你的口头禅体现了你的人品。

如果你不想给别人留下不好的印象，让别人认为你是一个消极的人的话，那么你要做的就是随时随地注意自己日常交流中的言辞。

②大谈亲密男女关系，说污言秽语。

当你大谈亲密男女关系或说污言秽语时，或许周围的人会保持微笑，附和一句"是吗"。但其实在他们的内心，或许都正在吐槽：什么人啊这是？还是不要和他深交为妙。

不论现实情况究竟如何，我认为还是不必特地把这些男人之间不检点的事情摆在明面说出来。

尤其是下流的污言秽语，这是最为危险、容易引起他人厌恶的话题。

或许你处于一个什么都能聊的女性小群体、男性小群体之中，可以不用顾忌地发言。但是当你面对一个你并不熟悉的人时，请控制住自己。

那些说污言秽语的人，有可能其本意是希望逗大家笑。但是，每个人的笑点都是不一样的。而在这各式各样的笑点之中，污言秽语的危险性是最高的。所以，为了不出错，你还是选择其他的话题吧。

如果你发现你周围的人正在聊这些话题，那么你要做的就是尽量回避说自己的事情，只要做到保持微笑，安静地听别人说就好。

③模仿搞笑艺人。

有些人总是指责别人没梗、没笑点，并且自己通过捉弄他人来达到搞笑效果。这些人都受到了搞笑文化深入骨髓般的影响，开始不自觉地模仿搞笑艺人的行为举止。

然而，我们必须要了解，搞笑艺人不过是"专业搞笑"而已。

这其中有关捉弄人一项，如果有捉弄人的一方，那么必定会有被捉弄的一方。这件事情本身就是一个有难度的技术活，是只允许存在于专业搞笑中的。

我们都默认在搞笑艺人之中有逗哏和捧哏，有负责捉弄的，也有负责被捉弄的。这就和美国WWE的职业摔跤比赛中，有正面角色也有反面角色的道理是一样的。

非专业的人士任意地去模仿这些专业人士，其实很有可能会伤害到他人。不论周围的人被逗得多开心，在你的话语伤害到某个人的那一刻，这一切完完全全就都是你的错。

"只是希望让大家开心，并没有恶意。"这种借口也是行不通的。

门外汉去强行模仿专业人士，会给人留下不好的印象，让他人认为你是一个残忍的人。所以，请你一定要注意再注意。

④总结大家发言。

沟通交流和穿西装一样，都有着一套TPO^①原则。

我们在参加会议的时候，在最后的阶段，必须有人要整理出大家的意见，并且做出最终的总结。

然而，在聚会或聚餐等场合中，就没有必要搞这套不受任何人欢迎的总结了。

如果你能让别人认为：虽然不记得这个人说了什么，但是和他相处的时候，不知道为什么，就是感觉好开心、好享受。那么，你就成功了。

和开会的时候一样，如果强行总结他人发言，或者非要强行给出个什么结论，这都是非常疏于人情世故的行为。

我也说了无数遍，说话方式当中最为基本的，就是做一个好的听者，引出对方的话，再对其进行扩展，让对方心情愉悦地和你交谈。

---

① TPO原则：TPO为time、position、occasion三个英语单词的首字母，是指人们在选择搭配和穿着服装时，必须考虑到时间、地点和场合这三大基本因素。——译者注

强行总结且做出最终陈词，其效果可能会起到和上述原则完全相反的作用。希望大家留心关注。

⑤**抢别人的话。**

我在之前讲到过和别人寻找共同点的好处。在那一节中，我希望引起大家注意的就是，**即便你找到了和对方的共同点，也不要抢别人的话。**

打个比方，假如你发现自己和另一个人都喜欢喝咖啡。其实你对喝咖啡这个话题很有自己的看法，因此你想多说一点，这也是人之常情。但是这个时候，你要再次回忆起我们最基本的一个态度：**寻找共同点是为了什么呢？是为了让对方多说话。**

好不容易找到了你们的共同爱好，自己却抢话，那么只会让对方停留在"我喜欢喝咖啡"这句话上，无法进行交流。

在聊到一个你也想多发表见解的话题时，你要做的就是运用前边讲过的扩展话术来拓宽这一话题，然后等待对方把话说完后，再有条不紊地提出自己的想法。

⑥**自来熟。**

有这么一种人，明明刚与别人认识没多久，就直呼其名或突然叫别人的小名，甚至用十分随意的语气和对方说话。

也就是说，这类人十分自来熟，刚认识别人就用熟人的口吻与其说话。

不论你是上司还是下属，是地位高的人还是地位低的人，和刚刚认识的人说话时就使用自来熟的口吻，是很容易引起他人不愉快的。

在称呼他人时，带上"先生""女士"等称谓，用谦逊的语气与他人说话才不会出错。

随着你们交往的深入，在聊天说话时候的语气和口吻也会渐渐发生变化。之后你们可以自然地互叫小名，聊天也会越来越随意。但是，在认识之初就这么做的话，只会给对方带来违和感。

⑦不肯低头认输。

每个人生来就会和他人做比较，这是人的天性。例如，在工作单位与同事竞争的上班族、将自己家的孩子与同龄的其他孩子相比较的人。在公布一些重要的结果之时，你都是抱着怎样的心态呢？

当你发现他人优于你的时候，除了羡慕他们的能力外，是否也掺杂着些许嫉妒呢？

这是一个人的正常情感，我们也不应该否定这种情感。

只是，流不流露出这种情感就是另一回事了。如果嫉妒的话，一定会说一些不服气、不承认自己失败的话，从而导致身边的人对你的印象变差。

有许多人固执地认为，称赞别人是有损于自己价值的，但事实上却并非如此。**能够直率地称赞别人的人，同样会获得别人的称赞**。同时，这类人还会给别人留下心胸开阔的好印象。

27
100%
受欢迎的
说话技巧

知晓并规避那些招人烦的说话方式。

为什么他们会招人烦呢？
来看看他们的共同点

①不停地说这四个词

但是……

我不是说了吗？

不行。

反正……

②说污言秽语和大谈亲密男女关系

辣妹辣妹辣妹辣妹。

③强行模仿搞笑艺人

你这个人怎么一点梗都没有啊！

④总是想做最后总结

所以，最后大家想说的精神是什么呢？

⑤抢别人的话

小狗是真的很聪明啊。

狗其实比猫好养多了。而且，……

⑥自来熟

你好，我姓望月。

啊，那我叫你小望吧。

⑦不肯低头认输

本公司创立于江户时代……

那这么说来，还是我们公司的历史比较长呢。我们可是室町时代就创立了呢。

引领者的说话方式

28

"加油" 的使用方法

注意 "加油" 的用法与使用时机

在表示鼓励的词语当中，最常用的莫属 "加油" 了。

然而在有些时候，如果 "加油" 的使用方式不恰当，那么不仅不会鼓励到他人，甚至会带来完全相反的结果。

打个比方，每个人都认为自己在他人心目中的形象是每天都在加油努力、干劲十足的。然而，如果你在这种时候说 "加油" 的话，不论是谁都会怀疑自己是不是还不够努力，如果自己能再加加油就好了。

这样一来，他们会感到自己被强行灌输了另一种价值观。

当一个人积蓄了很多力量，正在干劲十足地向前飞奔的时候，一句"加油"会给他们十足的鼓励，让他们更加努力地向前奋进。

然而，如果不是在这种时候的话，你的一句"加油"可能会让对方感到十分沉重，甚至陷入低沉的情绪。

因此，我们必须要十分注意，当我们面对情绪低沉的人时，如果对他们说"加油"，可能会将他们逼入绝境。

那么，我们要在什么时机，如何使用这句"加油"呢？让我们再看另外一个例子吧。

有效地使用"加油"

在鼓励他人的时候，最为重要的就是让对方感受到你的共鸣。那么此时最有效的用法就是："我知道你已经尽自己最大的努力了，不要太勉强自己了，好吗？"当对方听到你的这句话之后，他们就会明白，身边的人其实都看到了，并且认同了他的努力。

我们首先要做的最重要的事情，就是完全认同对方的努力。在那之后，再鼓励他们努力地去尝试一下。这才是对他人最好的鼓励。

面对不努力的人，不要直接喊"加油"

那么，面对那些不怎么努力的人，我们要怎么做才好呢？

如果别人对那些不喜欢努力拼搏的人说"你已经很努力了"之类的话，那么他们很容易就会认为：我明明没怎么努力啊。真够烦人的。

因此，面对这些人，最有用的方法就是，假装不经意地去讲一些轶事或自己身边人的故事。

"和我一起进公司的田中，他当上了项目策划人，干得可卖力气了。"

"最近，我的同事若狭先生把全部心思都放在了新开发的项目上。"

像这样假装无意地去讲述，会鼓励到那些原本不努力的人，让他们感受到自己再不努力就不行了，从而让他们也开始自己的行动。

面对那些既有着一颗努力的心又正在努力行动的人，有两件事情要告诉他们

现如今，如果在你的身边，有人既有着自己的目标，又正在自发地去加油干的话，你要采取怎样的说话方式才会更加有效呢？

"你看起来特别享受啊。有很多人都对你期望很高呢。多亏了你这么努力，体验到幸福的人也会越来越多。"

在这种情况下，你所说的内容中要包含以下两点：

（1）你要表示出对对方所做之事产生共鸣。

（2）提出对未来的展望。

这样一说，对方也会更加积极向上。

本节总结如下：

面对过于努力而感到疲惫的人，要说："不必勉强自己，

稍微放松一下吧。"

面对不努力的人，要让他们振作起来去努力奋斗。

面对既有努力奋斗的意愿又正在加油干的人，要对他们讲美好的未来。

会说话的人，都能够关注到对方的情绪，并根据对方的不同情况采取不同的说话方式，从而给予他们鼓励。

对周围观察很重要，这要求你坚持每天都要对周围进行观察。

28
100%
受欢迎的
说话技巧

说"加油"的时候，要充分观察对方，并选择合适的时机。

在这三种情况下，加油会发挥效果

①面对过度努力的人，让他们稍微放松一些

稍微休息一下吧，好吗？

②面对平时不努力的人，激励他们努力奋斗

和你同一批进入公司的佐藤，最近非常努力。

是吗，我也会加油的！

③面对既有努力的想法又正在努力干的人，对他们讲美好的未来

冈部，多亏了你，咱们科的整体氛围越来越好了。我看业绩也有要提升的样子。

谢谢您的夸奖。

29

批评他人时，
切莫忘记展现对对方的"敬意"

 为什么在批评他人时，还要表现出"敬意"呢

我们要如何批评别人或指出别人的错处呢？

答案就是：**尊重对方的存在**。

即便你要说的内容难以启齿，也不要动摇这一原则。也就是说，**我们应该有意识地去表达我们对对方的敬意**。

斥责或指出问题，一般来说都会给人一种上级批评下级

的感觉，如果不有意地表现出敬意的话，就很容易显得十分失敬。

现实当中，使用压迫性的口吻，强行迫使对方采取行动，是很可能会发生的事情。然而这只是强迫，他人的强迫是无法让对方自己思考问题的，更别说往好的方向去做出努力了。

不论对方是你的部下、晚辈还是你的孩子，我们都应该怀着敬意去和他们相处。只有这样，才会从真正意义上培养出一个优秀的、可以在天空中自由翱翔的人。

批评的目的是为了要指出对方的错误。也正因如此，我们才总是显得不理性。

或许乍一看，要在批评的时候怀抱敬意这一点似乎很难做到。但是，只要掌握了技巧，那么你会发现这其实一点都不难。那么，让我们继续往下看吧。

批评他人时，绝对不可以说什么话

首先，让我们来看一看，我们在批评别人的时候绝不可以说的两句话。

"你可真不行。"

"你干的事根本就没有意义。"

"你可真不行"这句话，其实是全盘否定了对方的人格。而"你干的事根本就没有意义"这句话，则是剥夺了对方所做之事的全部意义。

一个人不管做了什么，都是因为其发现了那件事的意义，然后才去做的。而剥夺了其所做之事的意义，就等于全盘否定了对方的存在。因此，如果我们说了这种话，对方的自我肯定感也将随之消失，从此再也做不成任何事了。

 你的批评里，有慰劳的成分吗

怀揣着敬意去批评别人，到底是怎么一回事呢？

答案的重点就在于，**当你面对一个努力做事的人时，首先要流露出你的慰劳之情。接下来，再表达你对对方所做之事的理解之情。**

例如，你要这么说："事情到了这一步是谁都不希望看到的，但是你的努力和你心里的考量，我都了解了。"

　　还有一点，那就是你一定要全程站在这个角度去说话——你本人对对方是怀着无比真诚的敬意与期许的。

　　你要切切实实地把这种感觉传递给对方：

　　"你这样优秀的人，都会犯这种错误。"

　　"怎么回事啊，这次的失败可一点儿都没体现出你本来的水平啊？"

　　上述内容既是斥责，但更是一种怀揣着敬意的表达。说完上边的话之后，在最后的时刻，不要忘记再次表达你心中的敬意："没关系的，如果是你的话，肯定可以做到的，我心里很清楚这点。"

　　这样一来，对方就不会因为你的批评而丧失信心、萎靡不振，反而会重新振作起来："好嘞。下次绝对不会让你失望。"

　　近来一段时间，随着权利骚扰、精神虐待等概念的普及，也有许多上司开始为之苦恼，究竟该怎样批评他们的下属才比较合适。

　　然而，不论我们身处怎样的年代，能够做到为对方的未来考虑，并且怀揣着敬意去批评对方的人，是一定会受到众人的爱戴与仰慕的。

具体的说话方式小案例

　　"部长，实在对不起。关于××公司要在咱们这里进货的那件事，我和对方公司的负责人有一些意见不太统一，所以没有办法如预期那样开展后续工作……导致这次的销量可能没办法往上提了。"

　　"这样啊。我知道你一直很努力，想要把这件事办好……像你这么优秀的人，也会有失误的时候，毕竟是人嘛。没关系的，我相信你之后肯定可以接下更大的单子，继续和那边去交涉吧。"

29
100%
受欢迎的
说话技巧
　　批评别人的时候，莫忘展现出对对方的敬意。

在批评人的时候要怎么做呢

山田和 A 公司的
谈判失败了。

我得找他谈谈。

你真是个废物。
哪有你这么谈判的。

这次的谈判好像
有些失误。但是没关系，
我相信以你的能力，一定
可以接下更大的单子，所以
要加油啊！

否定对方的存在

慰劳对方

失去自我肯定感，
从此不再行动

表达出你的期许，
对方也将重整旗鼓

30

如何说话，会让上司认为你幼稚？
如何说话，会得到上司的爱护？

**在你找借口的那一瞬间，其他人对你的
印象立刻打负分**

　　即便我们已经长大成人，但有些时候，还是会被周围的
人指出一些做得不够好的地方。而在这之中，最多的不外乎
来自上司的斥责。即便是在你的个人生活中，也有时候需要
接受来自身边人的不满和提醒。

　　当然了，谁都不喜欢被批评。但也总有一些人，曾有过

被深深伤害、感到尴尬的时刻。

正因如此，在被批评的时候，我们要采取什么态度、说什么话呢？不同的做法，会极大地改变周围人对我们的印象和评价。

首先，我们要规避哪些态度呢？答案就是，**绝对不要表现出哪怕一丝丝的反抗和不满。找借口也是一样，绝对不会有用。**

当自己做错的时候，要尽全力忍耐住希望获得他人理解的心情。你要做的第一件事，就是认认真真地赔礼道歉。

将批评者变成你的支持者，只要这一句话

接下来就是这一节的重点了。**在被批评后，我们要怎么做呢？**

别人为什么要指出你的问题呢？是因为他在为你着想。所以你要这么想：明明什么都不说更轻松，可他却费了那么大的力气为我指出问题。

只要你这么想，那么被批评这件事情本身，就变得十分值得感恩了。

也就是说，只要你怀着一颗感恩的心，就自然不会出现不屑、不满、反抗这些态度了。

为此，真正成长起来的人，面对批评他的人，会这样表示："这次都怪我，害得佐藤主管您苦口婆心地为我说了这么多，实在是太对不起了。听您一席话，让我学习到了很多，真的谢谢您。"

这里的重点就在于道歉的同时，也表达出了你的感谢之情。在说完这番话之后，再继续说下边的话来巩固这个胜利，就会成功地让对方变成你的支持者。

"从今以后，我一定会继续努力提升自己。只是，万一我什么时候忘记了这次的教训，又犯了同样的错误的话，到那时就请您直接批评我。"

意识会改变语言，语言则会改变行动。

在这样的场合下，你说出来的不仅仅是语言。未来的许多行动与成长都深受语言的影响，而这也将大大地改变别人对你的印象。

30
100%
受欢迎的
说话技巧

能成功的人，在被批评后都会表达歉意与谢意。

能被人高看一眼的人，从不找借口

都怪你那半点
精气神都没有的
发言，团队的士气
都低了。

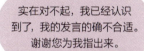

赤木不也说了同样的话吗？
为什么我说就不行呢？

实在对不起，我已经认识
到了，我的发言的确不合适。
谢谢您为我指出来。

不满、反抗、抱怨

表达出歉意与谢意

31

坏话：不说、不听、
不参与

 **面对总是说别人坏话的人，转移他们的
话题**

在日常生活中，我们会遇到形形色色的人。而最难相处
的，则是喜欢说别人坏话的人，或者以评判他人为乐的人。

或许正在阅读本书的你，也曾遇到过这种人，并对他们
十分头疼。

与这种人接触，短时间还可以忍耐，但如果要长时间与

他们接触的话，自己一定会变得烦躁不堪。

遇到这种情况，我们就要想办法金蝉脱壳，尽量不那么刻意地给自己换个座位。你可以给自己找个上厕所之类的借口，先离开一下你的座位。等到你回来的时候，就顺势坐到其他的座位上。

然而，如果当时只有你们两个人在聊天的话，那么溜之大吉这个办法是肯定行不通的。这个时候，有一种方法可以考虑，那就是**阻止对方继续抱怨、说坏话**。当一个人进行了一些消极的发言之后，如果获得了周围人的响应，那么他们的气焰势必会更高。但如果你掐灭了这个小火苗，他们自然也会收敛一些。

为此，**在你停止了上个内容的谈话后，就要主动地将聊天内容转移到其他话题上。这样双管齐下最为管用。这时候尽情发挥你的演技，装出一副和他很聊得来的样子即可。**在这种情况之下，你的目的就是阻止他们继续抱怨、说坏话。你可以把你们的谈话内容转移到任何一个无关痛痒的话题上，如天气、食物或者娱乐新闻等。

这样一来，对方就会发现，你是一个不爱抱怨、不爱讲坏话的人，他们自然就会赶紧收起这些话题，于是你也就趁势逃过一劫了。

另外，转移话题其实是一个很小的技巧。但是其最终的结果却能够让你远离那些满是负面情绪的人，增加你生活的舒适度。

要做到完全肯定，就不要和与自己不合拍的人来往

本书前文曾讲到过要完全肯定他人。那么，本节的宗旨和之前讲过的内容是互相矛盾的吗？答案是否定的，本节讲的内容仍然是"完全肯定"。

那些与你合不来的人、让人感到不自在的空间，也有着独属于自己的品格与主张。

正因为他们的品格与主张是与你相悖的，所以你才会感到合不来。所谓与自己不合拍的人，指的就是这种人。

如果压抑自己的想法和主张，强行去和这种人交往的话，就等于你在全盘否定自己。

因此，你是否选择与那些不合拍的人交往，就意味着你是否会完全肯定你自己。

与为了和对方说上几句话而不惜完全压抑自己相比，互相保持距离才是对双方更好的尊重。

31
100%
受欢迎的
说话技巧

不要和那些满嘴抱怨和坏话的人交往。

32

三种方法，
助你拿下与自己处不来的人

 虽然不喜欢对方，但却不得不与之来往的话，要如何做

　　别人说坏话的时候，做到不说、不听、不扯上关系。

　　这是我们丰满的理想。然而骨感的现实却是，我们不可能一直处在一个和谐的环境中，并且身边的伙伴都是优秀又友好的人士。

在我们的生活中，有太多令人讨厌却又不得不与之接触的人和组织。例如，压榨下属的上司、火药味十足的对手、幼稚的下属、居委会、家长教师联合会、社区、孩子同班同学的妈妈等。

不论你怎么讨厌，都有很多你必须去接触的人、你必须去参加的事情。

在这种时候，溜之大吉就是一个很好的选择。

例如，你可以向居委会或家长教师联合会提出转岗，或者说自己要换工作，从而远离这种组织。

给讨厌的上司起个别称，将他们当成笑话

然而有些时候，并不是溜就能解决问题的。

那么，这里还有一个办法，那就是把如今的状况转变成一个笑话。

你可以给自己讨厌的人起个别称，然后只和关系亲密的人分享。这样一来，这个别称就会成为你们之间才懂的暗号。

　　打个比方，你给一个总是喋喋不休批评人的上司起别称为"瀑布"。到了午休的时候，你和几个关系好的同事在一起笑着说："唉，今天上午'瀑布'可真行啊，亏了他，我感觉自己都在瀑布上转一圈了。"

　　这样发泄一下，你的心情也会稍微放松一些。

　　或者，你也可以给他们取一些动漫及漫画人物的名字。例如，《哆啦A梦》中的胖虎，或者《超级马里奥》里的大魔王库巴。

　　"今天胖虎还是老样子。"

　　"昨天库巴的战斗力好像弱了，早早地就回去了，哈哈。"

　　当然，并不是说我们给他们起别称后，我们所处的环境就会有所好转。但是，如果我们总是和心情灰暗的人接触的话，自己也会变得抱怨连篇。在抱怨连篇的人的身边，聚集的也都是同类人。

　　为了和那些你讨厌的人说上话，你会让自己也成为一个喜欢抱怨的人。到最后，其他人都开始疏远你，这岂不是本末倒置了？

　　从这个角度去考虑的话，把你讨厌的人当成一个笑话，把从他那里受的气尽可能地压缩至最小。这虽然只是一个小小的技巧，却有着十足的意义。

只是，这一切的目的仅能让你感到心情舒畅。因此，请千万不要把话说得太过，而把仅用作解压的笑话弄成大型辱骂现场。

 面对施压式说话的人，练习这一招：不做反应

有许多人，他们对下属的支配已经到了压榨的地步。那么，我们要想在他们的手底下不受摧残，应该做什么呢？那就是：心里不接受他们说的话。

面对这种情况，比起"如何说话"，我们更要学会的是"如何不说话"。

换言之，不给他们反应，才是最好的防御。

习惯于给他人施压的人，最乐于见到的就是对方的反应。在对方给出了相应的反应之后，他们就可以进行新一轮的语言上的压榨与盘剥。

那么，他们所期望的，就是听对方会说些什么来反驳。因此我们最好的反击，就是静静地看着他们，一句话都别说。

不论对方对你说了什么狠话、重话，都不要做出反应，这才是我们的正确选择。但我知道，要做到这点是十分困难的。那么在这里，我要传授给你们一个小妙招，那就是**在心里默默地说："呵呵，原来你是这么想的啊。""呵呵，还有你这么思路怪异的人啊。"**

其实这背后的意义，就代表着自己对对方所说的内容是完全不认同的。这个方法会在你与对方之间竖起一道高高的墙。随着这种不做反应练习的重复与增加，或许最终你就能够真正地做到不再给对方任何反应了。

绝对不要试图改变那些爱说坏话的人

不论大家平时多么努力地提醒自己：我处在一个很好的环境之中。然而在每年的聚餐上，总会有很多人满口抱怨着自己遭遇的不公，甚至热衷于说别人的坏话。

那么这种时候，你应该怎么做呢？

答案就是：**推说自己身体不舒服，提前离席**。

但是，如果你必须留在那里，哪怕一会儿也好，那么你要时刻注意下面的事情，那就是：**在这个场合，绝对不要试图改变那些人**。

例如，绝对不可以说"我说，大家好不容易聚一起，就说点高兴的事呗""说点好听的话，人生才顺啊"等之类的内容。如果你真的说了，就等着成为众矢之的吧。

另外，也不要附和着他们，跟着他们说"就是，太过分了"之类的内容。这样会把你自己也卷进去的。

其实那些爱说坏话的人，尤其是那些频繁说别人坏话的人，他们的内心深处都是十分干涸、贫瘠的。于是，他们为了填补内心的空虚，就必须得说些别人的坏话来满足自己。

令人遗憾的是，在这个世界上，这种情况经常发生，并且不可回避。

拳打脚踢这些暴力行为是构成犯罪的。然而，用语言伤害他人内心的这种行为，如果不造成十分严重的事态，是绝对不会被问罪的。

而你能做的，就是尽管别人都在说，但你不要说。

你是花费了十分宝贵的时间才来到这个地方的，所以你一定要提高自己的意识，创造属于你自己的时间。

32
100%
受欢迎的
说话技巧

面对你厌恶的对象，最好的回应方式就是给他们起别称，不做出任何反应。

应对自己讨厌对象的方法

①给讨厌的人起别称

今天胖虎居然
态度挺好。

他是怎么了?
快点给我讲讲。

②不做反应

你这家伙,
怎么一直发呆啊。

呵呵,
原来你是这么
想的啊。
我可不这么
认为。

③不要试图改变那些爱说坏话的人

那家伙太
滑头了吧。

就是就是。

……

他就只顾自己
的利益。

千万别说"好不容易
聚在一起,聊点高兴
的呗。"

169

33

愉快的对话来自
安全感

 在放松的状态下，你的表现才会更好

　　通常来说，当一个人处于放松状态下时会表现得更好。
这是因为，**安心感是一场愉悦对话的基础。**

　　当一个人处于紧张情绪中时，通常其表现也会变差，无
法和对方取得良好的沟通。这是我们这一节展开讨论的大
前提。

　　现在，我们就不要再勉强自己去和那些与自己脾气秉性

不合的人来往，让自己受伤，甚至不自信了。

增加与自己喜欢之人相处的时间，磨炼好我们的对话能力之后，再试着和那些我们搞不定的人去交谈。这一点，希望大家能够牢记在心。

打磨好自己的武器后，再和我们搞不定的对象交谈

不论一个人多么不擅长交际，他都会有真心信任的朋友和家人在身边。面对这些人时，他一定都是无意识地与之进行愉快顺畅的对话的。

我们要去做的，不是勉强自己立刻能和那些自己搞不定的人搭上话，而是找到那些能让自己放松的人、不否定自己的人，多花些时间与他们相处，努力让自己置身于这样的环境之中。

在面对那些给予自己肯定的人时，你一定能够注意到，你其实可以毫无负担地说出你想说的话。

换言之，你要意识到自己面对那些容易说上话的人时，

是能够与之交流很多内容的。并且你要尽量地为自己创造一个舒适的空间，让自己容易开口说话，从而改变自己不擅长说话这一刻板的印象。

只要你能够有意识地增加与自己喜欢之人的说话时间，那么必然地，你面对自己不喜欢的人的时间也会随之减少。

你是否曾有过这样的想法呢？为了说服自己搞不定的人，不得不磨炼自己的说话技巧；勉强自己必须做到和所有人都能说上话。

从现在开始，请你抛弃这些想法。如果你遇到了必须与之说话的对象，就使用之前讲到过的扩展话术，想办法引对方多说话。

如果沉默的气氛突然来到，也不必责怪自己，让自己承担全部的责任。

33
100%
受欢迎的
说话技巧

不要强行和搞不定的人交谈。

对方很难相处？
那就不要勉强自己和他交谈了

如果强行和难相处的人交谈	和喜欢的人多交谈

我之所以想推荐这个项目，是因为……

别说了，不想听。

我今天做出了一个新企划案。

太棒了！

我和他说就好了……

你愿意来帮我的忙吗？

好啊！

✕ 失去自信，更加不愿意交谈

● 越来越享受与他人交谈

34

好运的人都在用的
口头禅

 最爱听你说话的人是你自己

我有一个朋友，在我们这行里是搞宣传的。他之前曾问过我："你知道日本人最爱说的词语是什么吗？"

是表示感谢的词语。例如："谢谢""多亏了您""十分感谢"。

即便你对此并没有如此的真情实感，但是把这些词语当成你的口头禅，也是绝对没有坏处的。

174

那些擅长交际的人，无一例外，都时时地把这些感谢之词挂在嘴边。

对给自己拿啤酒的服务生说一句"谢谢"。

对开出租车的司机师傅说一句"谢谢"。

对便利店里的店员说一句"谢谢"。

对职场上的同事或你的家人和朋友也别忘记说一句"谢谢"。

因为最爱听你说话的人是你自己，所以在你聆听自己说话的时候，你的心灵是处于一个不设防的状态中的。因此，这一句感谢之词也会直接走进你的心底。

从精神层面来说，要求大家说好话，把好的词语当成你的口头禅，是绝对会起到积极的作用的。

 直率地接受他人夸奖的人和表示谦虚的人

本章的重点来了。当别人夸你的时候，你通常都会给出怎样的反应呢？

"好厉害啊！"

"哇，你真漂亮！"

当我们被别人这么夸奖的时候，大多数的人一般都会立刻表示谦虚，说些"哪里哪里，真的没有，您过奖了"之类的套话。

然而，从夸奖方的角度来看，如果你表现得过于谦虚，那么那些夸奖你的人之后就不再愿意去夸奖你了。

尤其是在你面对那些诚心诚意夸奖你的人时，就更不要给出这样的反应了。

在这种时候，直率地接受对方的夸奖又有何不可呢？

例如："哇，我太开心了！""真的吗？谢谢！"

自己经常说出表示感谢的话语固然重要，但是感谢并诚心接受对方的夸赞，其实也是同等重要的。

当别人夸奖你的时候，你就如同收到了一份由语言制成的礼物。

当你收到来自他人的礼物的时候，你是一定会接受礼物，并对对方说声"谢谢"的。和这个道理一样，我们也要积极地去接受他人的夸赞。

接受他人的夸赞，真诚地表达你的感谢。

希望大家一定要仔细观察一下身边那些会说话的人，看他们是如何下意识地说出那些感谢之词并且接受对方夸奖的。

34
100%
受欢迎的
说话技巧

> 把感谢之词变为你的口头禅，积极地接受他人的夸奖。

35

关注点不在于一句话的意思，
而在于其背后的情感

> **仅靠辞藻的堆积，是无法与他人顺利交流的**

　　如今的我，每天都在写书、开设讲座进行演讲、给客户做咨询指导中度过。但是，我并没有完全变成一个会说话的人。

　　人们常说：三岁看大，七岁看老。但我们也要时常认真地审视一下不擅长交际的自己。

前几天，发生了这样一件事。

有一位客户，经常找我咨询些问题。我们的缘分已经长达十年之久，从我创业之初，她就经常到我这里来。

我们经常在我公司的会议室里讨论一些重要的问题，比如如何攻克一些难题、如何找寻今后生意的发展方向等。

由于我们的讨论内容是围绕经营方针展开的，所以我经常说一些理论性较强的内容，希望能够让这位客户了解到一些必要的信息。

有一天，这位客户的话特别少，所以我暂时中止了我们的谈话，带着她来到了一个屋顶的露天阳台，我们边喝茶边小憩。这时，她表情十分严肃地告诉了我原因。

"永松老师，我感觉您最近一直都是在堆砌词语。"

这一瞬间，我没有反应过来她在说什么。这位客户继续说道："以前，我感受得到，您是在关注着我的情感。但是现在，您去理解的只是我的话语中的字面意思而已。"

那一刻，我有如醍醐灌顶。之前，由于我过于关注经营的理论部分，才忽视了客户的情感。

有时候别人说什么你就只听什么，有可能会破坏你们的关系

　　我前边说到的那位客户是一位女性，在她刚来我这里咨询的时候，还是一个普通的白领。但是后来她开始创业，凭借着出色的经营领悟力，如今已经成为日本知名的女企业家。

　　其实，我从她身上也学习到了许多。

　　"不问男女，人类是都希望获得他人理解的。"

　　我总是在重复这句话。然而那个时候，我自己却把这个理念忘到了九霄云外，完全变回了从前的自己。只想立刻得出结论，不重视其他因素。为了帮助到他们，只考虑如何在最短的时间内得到想要的结果。这就是当时的我，干涸又空洞无物。

　　我在前边已经重复说过很多次，我们要关注的重点，并不在于话语的字面意思，而在于隐藏在话语背后的真实情感。

　　用现在的话来说，就是要学会读懂真正的含义。她的话，让我切身体会到了这一点。

关注情感究竟有什么意义

在上一个小节中，我聊了一下自己的失败经历。那你呢？有没有做到不仅仅关注语言本身，而是关注到语言背后的情感呢？

在我们的人生中，会与许多人建立起不同的人际关系，比如夫妻关系、恋人关系、朋友关系、同事关系等。

例如，在你忙于工作的时候，你的妻子或恋人对你说："你现在不用管我，赶紧忙工作吧。"

这个时候，如果你就这么信了，回答："是吗，谢谢，那我就不管你了。"然后就真的埋头工作，连一通电话都不打给对方的话，那就等着大战爆发吧。

你的这种态度，迟早会让对方积攒已久的怒火爆发。到那个时候，你可能还会生气："你怎么回事？发什么脾气啊，不是你让我忙工作的吗？"

导致这样的结果，就是因为你仅仅停留于理解对方字面的意思。

你的妻子或恋人一定会很难过："我就算是那么说的，你也不该就真的彻底把我忘了啊。你怎么就那么忙啊，连打一通电话的时间都没有吗？你根本就不懂我的心。"

就这样，你们的关系可能就此出现裂痕。接下来的事情，就任凭诸君想象了。

千万不要对方那么说，你就真的那么相信了。这种仅仅停留于对方字面意思的沟通交流，将会导致的后果是你绝对无法预估的。

所以大家一定要关注的，**并不是语言本身，而是隐藏在其背后的情感。**

35
100%
受欢迎的
说话技巧

不要肤浅地停留于对方所说的字面意思，而是要关注到其中隐藏的真正情感。

36

现在教你终极大招，
助你百分之百顺畅交流

 在日复一日的练习中掌握"站在对方的立场上"

　　"要在说话的时候考虑别人的感受。"我们在生活中经常会听到这句话。其实我在本书中，也已经强调了很多次。

　　然而，虽然说起来容易，但是要真正做到交谈的时候站在对方的立场上，其实还是一件很困难的事情。那么在这里，我就隆重地为大家解密我一直以来都从未公开过的练习方法。

当你在电视上看到知名人士在记者发布会中道歉，或者当你看到某人犯了十分重大的错误之时，你要这么问自己："**如果我站在这个人的立场上，我会怎么做呢？如果这个人就站在我的面前，我又会给出怎样的回答呢？**"

当你不断进行这项练习后，你看待事物的方式就不会再仅仅以自我为中心了，而是能够慢慢地做到站在他人的角度来看待问题。

我们平时总是习惯于站在自己的角度去行动。然而，只要我们稍稍抑制一下这种习惯，有意识地站在对方的角度去交谈，那么愿意为你竖起大拇指的人也一定会越来越多。慢慢地，你的视野会越发广阔，你的说话方式也会越发高明。

 ## 交谈的终极大招：希望别人能获得幸福

今后，当你在和别人说话时，试着在说话的时候，为对方祈求他们的幸福："希望他/她能够获得幸福。"

只要你这么做了，神奇的事情就会发生。不论你们在谈论什么话题，对方都会感受到你发自内心的好意。

于是乎，原本抱怨内心的不平、不满的消极的谈话内容，也会自然而然地消失。

不论是谁，我们都有能力去感受到谈话对象的真实内心。

人类不是那么简单的生物，人与人之间的交流不像处理人际关系那样，只要稍微用些技巧就能变得顺畅。

虽然听起来有些天方夜谭，但是其实这些和会说话、不会说话并没有关系。重点在于，听话者是一定能够感知到说话者的真实内心的。于是，这差别就体现在说话者究竟是"以他人为先"还是"以自己为先"了。

如果你是在交谈的时候考虑对方的话，那么你想说的话是一定能够滔滔不绝地说出来的。如果你的谈话对象此刻正处于烦恼之中，那么其听了你的话之后，一定可以振作起来，并且开始把你当成一个不可或缺的人。

这样一来，你的身边就能够聚集起很多人。慢慢地，你就会成为像充电器一样的存在了。

在最开始的阶段，或许你会遇到一些不顺利的情况。但是，只要你是真心地为了对方好，那么对方一定会感受到你的情感，你的话语也一定能够越来越流利。

"希望对方能够获得幸福"。怀着这样的一颗心去和对方
交谈，就是我们说话方式中的终极大招。

36
100%
受欢迎的
说话技巧

**怀着希望对方能够获得幸福的心去和对方
交谈，一切都会越来越好。**

后记

为什么在能够顺畅地与人对话后，人际关系也会获得戏剧般的改善呢？

从我提起笔写书开始算起，已经走过了十年时光。迄今为止，我已出版书籍三十余册。

我曾写过各种不同类型的书，但是这是我第一次写关于说话方式的书。

我非常喜欢写作这个工作。

我总是一边想着"这次会有什么人来读我的书呢"，一边兴致勃勃地提笔写作。然而，本书的主题和我曾写过的其他书籍都不同，它是需要依靠技巧去写成的。因此，在最初的阶段，我的写作过程并不算顺利。

然而，在某一刻，我突然意识到一件事，那就是：**说话方式是由你的心来决定的**。

说话方式、沟通交际其实是一门非常深奥的学问。有许多老师都在从事这一行业。

那么，作为其中一员，我能传达给大家的是什么呢？

那就是：**说话方式与思考方式的融合**。

我们的全部说话方式，都是从我们的内心中迸发出来的。打个比方，你每天说的话都是一艘火箭，而你的内心是发射台的话，那么与打磨一艘艘火箭的性能相比，让发射台面朝好的方向则重要得多。

"说话方式就是你心灵的姿态"。

换言之，**提高说话方式的技巧，就等于打磨内心**。

其实，说话方式让你平素无形的内心有了具体的形态。自打我注意到了这一点，我的写作过程就变得十分顺畅。

接下来，我就要告诉你们一件事。在你们读过本书后，再去打磨你们的说话方式的话，你们一定会发现，在你们的身上发生了十分神奇的变化。

什么变化呢？

你周围那些不爱说话的人、不擅长说话的人，甚至包括讨厌说话的人都会统统消失。

这是为什么呢？

这是因为，随着你的内心与说话方式的改变，你的人际关系也发生了重大的改变。

随着你的内心与说话方式的改变，你的身边会聚集起许多与你类似的人，从而你就可以和自己喜欢的人愉快地度过每一天了。你的心灵会被打磨得更好，交流也会越来越顺畅。

准确来说，随着说话方式的提升，你可以顺利地与自己不喜欢的人、厌恶的人进行交流。其结果就是，一直令你烦恼的人、你讨厌的人会自动从你的身边消失。

我一直十分喜欢出版行业。

这是因为，每一部新作品的创作，都意味着对一个全新团队的挑战，也是一个全新的故事的开始。

本次的出版，也是因为与诸位优秀的搭档们一起合作，才得以顺利推进。

首先，致以极大的耐性与我相处的素晴舍（SUBARUSYA）出版社上江洲安城总编：

此次是我和上江洲总编的初次合作，但我十分得益于上江洲总编的强大洞察力及包容、开阔的心胸。多亏了上江洲总编，我才能够走到现在。

接下来，致SUBARUSYA出版社销售部的原口大辅老师：

我和原口老师结缘于本次出版。感谢原口老师。我也十分期盼能够与原口老师再次合作。

致销售部的各位同人：

从本书最初的策划到出版的风格，各位同人从专业人士特有的经验出发，给予了我许多率直的意见，给了我很大的帮助。谢谢大家。我也衷心期盼各位同人未来能够越来越好。

接下来，致OCHI企划的越智秀树总经理：

越智总经理既是我出版的总指导，也是我的专属咨询师。此番多谢您。多亏了有越智总经理在我身边，我才能够放下心来，专注于写作。越智总经理对我的关照不仅仅在于出版方面，还在于我生活中的方方面面。

另外，一直以来陪伴在我身边，与我共同前进、从未有过改变的人才育成有限公司的各位家人、永松茂久项目组的各位成员和永松培训班的各位成员：谢谢你们。

本书是在各位的大力支持之下才得以出版的。值此出版之际，各位优秀的家人们都在我的身边，让我感到无比幸福。希望今后也能够与大家继续携手，走向下一段愉快的旅程。

最后，致手捧本书的你：

首先，十分感谢能够以本书为媒介，让你我结缘。我衷心期待，在未来的某一天，当你读罢这本书后，能够愉快地开口说话，享受说话这件事情本身。

我也衷心地希望，你今后的沟通交流能够愈发熠熠生辉。

你人生的未来，九成都靠你的说话方式。

于寒舍的两位新成员——贵宾犬小虎、小樱的嬉闹声中，远眺与晚夏的清凉景致交相辉映的东京铁塔之时。

感谢！

永松茂久